D1727189

Carl Nemeth
Peter Vujica

WELCH EIN HAUS!

Intendant Dr. Carl Nemeth

Carl Nemeth
Peter Vujica

WELCH EIN HAUS!

Die Grazer Oper 1972–1990

Mit einem Vorwort von
MARCEL PRAWY

und einem Essay von
MATIS HUBER

VERLAG STYRIA

Die Fotos (Stefan Amsüß, Peter Manninger, Wolfgang Veith)
stammen aus dem Archiv der Vereinigten Bühnen und aus Privatbesitz

CIP-Titelaufnahme der Deutschen Bibliothek

Nemeth, Carl:
Welch ein Haus! : die Grazer Oper 1972–1990 /
Carl Nemeth ; Peter Vujica. –
Graz ; Wien ; Köln : Verl. Styria, 1990
ISBN 3-222-11946-5

NE: Vujica, Peter:

Printed in Austria
Umschlagfotos: Peter Manninger
Farbrepros: Reproteam Graz
SW-Repros, Satz und Druck:
Druck- und Verlagshaus Styria, Graz
Bindung: Wiener Verlag, Himberg
ISBN 3-222-11946-5

Ehrentafel

der Förderer dieses Buches

Präsident Konsul Komm.-Rat KURT DAVID BRÜHL

*

Dr. FRIEDRICH FEICHTINGER
Landesdirektor der Creditanstalt-Steiermark

*

Comm. Komm.-Rat Dr. ERNST HÖLLER
Präsident der Steiermärkischen Sparkasse

*

Landeshauptmann Dr. JOSEF KRAINER

*

Generaldirektor Senator h.c. Dr. HANNS SASSMANN

*

Dr. FRIEDRICH VIEIDER

Inhalt

Marcel Prawy

Seine Vision

Wann es war, weiß ich nicht mehr. Ich glaube, um 1971. Welche Titel wir damals hatten, weiß ich nicht mehr. Er war „der Nemeth“, ich war „der Prawy“, und wir arbeiteten beide an der Volksoper, die Albert Moser (aus der Steiermark) leitete. Ich glaube, Dr. Nemeth war Vizedirektor, ich war Chefdramaturg.

Eines Tages kam er zu mir und erzählte mir von seiner Ernennung zum Intendanten der Vereinigten Bühnen Graz. Ihn plagte das Problem der Eröffnungspremiere. Er ging damals – lange vor Tabori – schwanger mit dem Plan einer szenischen Version seines Lieblingswerkes, „Das Buch mit Sieben Siegeln“ von Franz Schmidt. Ich hatte nach meiner Einführung des Musicals in Österreich meine Avantgarde-Jahre hinter mir und meinte, meinem Kollegen einen guten Rat zu geben, wenn ich sagte: „Carl, mache dem Publikum eine Freude! Bringe eine ganz populäre Oper! ‚Carmen‘, ‚Aida‘, ‚Lohengrin‘ oder so ähnlich!“ Da hatte ich Carl völlig verkannt. Er wollte nicht auf Nummer Sicher gehen, sondern dem Publikum neue Horizonte eröffnen. Seine wahrscheinlich durch unsere Freundschaft mit dem fabelhaften Dirigenten Argeo Quadri geborene Idee waren „I Puritani“ von Bellini. Ich riet ihm heftig ab – das wäre keine Eröffnung, sondern eine interessante zweite oder dritte Premiere. Carl ließ nicht locker. Wir fuhren gemeinsam nach Rom und hörten „I Puritani“ mit der Freni. Nun war Carl entschlossen, alles auf diese Karte zu setzen. Er war auch der ungewöhnlichen Überzeugung, daß dieses Werk eine gute Besetzung, aber keine Parade von Weltstars brauche. Als er dann mit „I Puritani“ (lange vor Bregenz!) eröffnete und mit „La Gioconda“ (lange vor Wien!) fortsetzte, da war ihm vielleicht selbst nicht bewußt, daß er damit der weltweiten Renaissance der Belcanto-Oper endlich Österreich erschlossen hatte.

Und so hörten wir in den Nemeth-Jahren eine Welt von selten oder nie gehörten musikalischen Bühnenwerken – wo hörte man schon die überaus interessante Urfassung der „Ariadne auf Naxos“? – und pilgerte hin. Unabhängig von Nemeths vokaler Starparade: Bonisolli, Carreras, Cotrubas, Czerwenka, Gruberova, Ghazarian, Lima, Lipovsek, Minich, Nilsson, Schreier, Taddei, Toczyska etc. Natürlich wußte Nemeth genau, daß man – schon der Kasse wegen – kompensieren muß: „Die Königin von Saba“ mit der „Csárdásfürstin“, „Mefistofele“ mit der „Rose von Stambul“.

Meine Forderung an das Repertoire eines Ensembletheaters ist, daß man in jeder beliebigen Fünf-Jahr-Periode Meisterwerke aller Stilrichtungen erlebt haben muß: Vom Barock zu den Slawen, von Wagner zum Musical, vom Belcanto zur Moderne. Genau das bot Carl Nemeth in Graz. Vergangenheit, Gegenwart und Zukunft. Viele Größen des heutigen Musiktheaters hatten ihr Österreich-Debut dank Carl Nemeth in Graz. Stellvertretend für alle anderen: Harry Kupfer, heute einer der meistdiskutierten Regisseure der Welt, begann in Graz als brilliant begabter, durchaus unprovokanter Regisseur. Nemeths „Aus dem wird was!" klingt mir noch heute im Ohr. Und wo Carl Nemeth Versager hatte, waren sie noch immer ungewöhnlich interessant, wie die österreichische Erstaufführung der französischen Johann-Strauß-Operette „La Tzigane". Ebensoviel Denken steckt hinter seinen Triumphen, wie „Spartacus" in der Choreographie von Waclaw Orlikowsky. Der unter Nemeth produzierte „Ring" wird vom Fernsehen aufgezeichnet wie der von Bayreuth, New York und München. Daß er, wie alle heutigen „Ringe", zwiespältige Aufnahme fand, beweist, daß man sich mit ihm auseinandersetzt.

Mein besonderer persönlicher Dank gilt Carl Nemeth dafür, daß er mich bei „Robert Stolz und sein Jahrhundert" mit einer neuartigen Form multimedialer Unterhaltungs-Show mit geistigem Hintergrund experimentieren ließ, die ich nachher monatelang in Wien und Berlin spielte und noch heute in vielen Ländern der Welt zeige.

Aus vollem Herzen wünsche ich den neuen Leitern der Oper in Graz, meinen Kollegen Gundula Janowitz und Dr. Gerhard Brunner, „toi toi toi". Daß sie der ungewöhnlich bedeutenden Intendanz von Dr. Carl Nemeth nachfolgen, möge sie zu Höchstleistungen inspirieren.

Zum Wohle unserer geliebten Stadt Graz.

Peter Vujica

Not und Verklärung

Acht Prosacouplets
auf einen scheidenden Intendanten

1. Wer ist Carl Nemeth?

Ist einer in einer überschaubaren Stadt – und die Stadt Graz darf, ohne ihr allzu nahetreten zu wollen, wohl mit Fug als solche bezeichnet werden –, ist einer also in einer solchen Stadt nur lange genug irgend etwas – oder besser: irgendwer – gewesen, dann ist er gewissermaßen stadtbekannt. Dann kennt ihn groß und klein, dann kennen ihn so gut wie alle.
So könnte man nun also fugens und rechtens annehmen, daß Carl Nemeth nach 18 schönen, harten, heißen und ganz heißen Jahren, die er in Graz als Intendant der beiden Bühnen dieser Stadt durchstanden, durchsessen, durchkämpft und vor allem gelassen durchlächelt hat, nun tatsächlich von groß und klein gekannt wird. Daß er die Gassen und Gäßchen von Graz patriarchalischen Schrittes und von allen ehrerbietig gegrüßt durchschreitet.
Wenn dies bei Carl Nemeth nicht ganz so funktioniert, so sicher nicht deshalb, weil er am Ende kein der Verehrung würdiger Herr wäre. Dem Regen der offiziellen Ehrungen ist er ja im Verlaufe seines Wirkens in Graz nicht entronnen: Ginge er auf Bälle, könnte er die gestärkte Brust seines Frackhemdes mit dem Österreichischen Ehrenkreuz für Wissenschaft und Kunst I. Klasse, weiters mit dem Ehrenzeichen in Gold der Landeshauptstadt Graz sowie mit dem Großen Goldenen Ehrenzeichen des Landes Steiermark dekorieren. Und Leute, die etwas auf klingende Titel halten, dürfen ruhig „Cavaliere" zu ihm sagen. Seine Vorliebe für die italienische Oper brachte ihm den klingenden Titel eines „Cavaliere ufficiale al merito della Repubblica Italiana" ein.
Ehrentitel – jener eines „Honorarprofessors für Historische Musikwissenschaft mit besonderer Berücksichtigung des Musiktheaters an der Geisteswissenschaftlichen Fakultät der Karl-Franzens-Universität Graz" wäre da der Ordnung halber noch hinzuzufügen – und Medaillen mögen einen Mann wohl zieren, aber sie zeichnen ihn nicht.
Im Falle von Carl Nemeth tut das schon eher das C, mit dem er absichtlich oder schon von Geburt an, die am 11. Jänner 1926 in Wien – glatt, wie sich erwiesen hat – vor sich ging, aus der langen Reihe jener ausschert, die ihren Karl brav und bieder mit K schreiben.
Denn ein Karl ist noch lange kein Carl. Ein Karl, der muß sich in Wien und erst recht in der Steiermark, ob es ihm nun paßt oder nicht, die Diphthongierung seines a zu einem vertraut behäbigen „Koal" gefallen lassen. Ein Carl hinge-

Programmzettel der ersten Premiere der Intendanz Nemeth.

Rechte Seite: Autograph von Ernst Krenek.

vereinigte bühnen graz steiermark

Grazer Erstaufführung
(in italienischer Sprache)

I PURITANI
(Die Puritaner)

Oper in drei Akten (fünf Bildern)
von Vincenzo Bellini

Text von Carlo Pepoli

Musikalische Leitung: Argeo Quadri
Inszenierung: André Diehl
Bühnenbild: Wolfram Skalicki
Kostüme: Ronny Reiter
Einstudierung der Chöre: Ernst Rosenberger

---

opernhaus 1/1972/73

gen ist vor einer etwaigen Entweihung durch diesen vulgären Zwielaut gefeit: Wie ein Krummsäbel wacht das C über der unbefleckten Reinheit des folgenden a. Kein Mensch würde wagen, zu einem Carl einfach „Koal" zu sagen. Nicht einmal – und schon gar nicht – zu Carl Nemeth.

Die Kabbala lehrt, daß der Name den Menschen prägt. Auch dann, wenn dies – wie in Carl Nemeths Fall – nicht unbedingt auf den ersten Blick ins Auge springt. Nemeth – äußerlich en bon point, ein sympathischer Buddha mit dem Lächeln des Bacchus – könnte man nach nur oberflächlicher Kenntnis ohne weiteres für einen Karl halten. Fälschlicherweise, denn letztlich erweist er sich doch immer wieder – und mit schlagender Beweiskraft – als echter und rarer Carl. Und wer einen so raren Namen hat, der ist rar. Und ist er's nicht, dann macht er sich. Als Intendant zweier Theater in einer mittelgroßen Stadt ist man gewissermaßen zur Mitgliedschaft in der guten Gesellschaft verdammt. Da gibt es kein Entrinnen. Außer man schreibt seinen Karl mit C. In den Gesellschaftskolumnen der Tageszeitungen – und selbstverständlich auch zu den Anlässen, über welche in ebendiesen Kolumnen berichtet wurde –, glänzte Carl Nemeth von jeher durch beharrliche Absenz.

Das C seines Vornamens erwies sich da offenbar als rettender Kahn, auf dem er still, unauffällig und ohne Verstimmung aus all dem, was man das offizielle gesellschaftliche Leben nennt, hinausglitt.

Carl Nemeth haßt die großen Ansammlungen. Und auch die kleinen. Wer ihn in Sitzungen erlebt hat, weiß, daß er es fertigbringt, innerhalb von drei oder mehreren Stunden, während andere sich erhitzt über Prinzipien oder sonstig Überflüssiges wortreich echauffieren, keinen einzigen Laut von sich zu geben. Lockt man ihn jedoch aus der Reserve, dann kommt dieses C seines Carl erst so richtig zum Tragen. Der ganze leicht nostalgische Schliff, den dieser Name verrät, und der diskrete Hinweis auf dessen lateinische Abkunft bestimmen die Weise, auf die Nemeth sich mitzuteilen pflegt: In wenigen, meist aphoristisch verknappten Sätzen versteht er es, Situationen darzustellen, Standpunkte zu definieren und Argumente, denen er sich nicht anschließen kann, mit seltenen Fremdwörtern durchaus nicht geizend, ad absurdum zu führen.

Die hin und wieder höchstens durch schalkhafte Parodielust belebte äußere Gelassenheit seiner Ausführungen sowie deren schlagende Logik lassen ihn aus derlei Debatten meist als Sieger hervorgehen.
So gesehen ist Carl Nemeth eigentlich ein untypischer Theatermann. Das mag daher kommen, daß er im Grunde möglicherweise gar keiner ist. Er hat das „Handwerk“, wie es so schön heißt, nicht von der Pike auf gelernt. Nemeth wollte niemals Sänger werden, und er hat in seiner Jugend nie als Regieassistent einem inszenierenden und protagonierenden Halbgott die Tasche getragen und nie in den Probenpausen als Beflissener zur allerhöchsten Erlabung den Kaffee geholt. Eigentlich wollte Carl Nemeth die Laufbahn eines Musikwissenschaftlers beschreiten. Nach der Matura am Humanistischen Gymnasium Wien teilte er 1943 das Los vieler seines Alters: Er wurde zum Kriegsdienst eingezogen und geriet in Gefangenschaft, aus der er erst 1946 zurückkehrte.
Drei Jahre später schon, am 1. April 1949, wurde er aus den Fächern Musikwissenschaft und Germanistik an der Wiener Universität zum Doktor der Philosophie promoviert. Und der 1. April sollte für Carl Nemeths künftigen Lebensweg so etwas wie ein schicksalhaftes Datum werden:
Am 1. April 1950 wurde er Mitarbeiter der internationalen „Haydn-Society“, und ebenfalls am 1. April begann er drei Jahre später seine Tätigkeit als Assistent am Institut für Musikwissenschaft an der Wiener Universität. Und last not least war es wieder ein 1. April, und zwar jener des Jahres 1972, an dem er – Hals über Kopf, doch davon später – sein Intendantenamt in Graz antrat. Zu manchen Anlässen haben die Nornen oder die Parzen, je nachdem, in welcher Mythologie man die Damen, die das Schicksal spinnen, anzusiedeln beliebt, den bedeutungsschweren 1. April nur knapp verfehlt:

hotel ekazent hietzing
MAISON GARNI

1131 WIEN
HIETZINGER HAUPTSTRASSE 22
TELEFON (0222) 82 74 01 SERIE
TELEGRAMM: EKAZENTHOTEL WIEN

Sehr verehrter, lieber Herr Dr. Nemeth,

darf ich Sie bitten, allen Mitwirkenden und sonstwie Beteiligten meinen wärmsten und aufrichtigsten Dank für ihre hervorragenden Leistungen bei der österreichischen Erstaufführung meiner Oper Orpheus und Eurydike zu übermitteln. Die Zusammenarbeit mit Ihnen während der Einstudierung des schwierigen Werkes hat mir in jeder Beziehung große Freude gemacht und wird mir in angenehmster Erinnerung bleiben.

Auch die zweite Aufführung ist vortrefflich gelungen. Es tat uns leid, daß wir keine Gelegenheit hatten, Sie und Ihre Gattin nochmals zu sehen. Haben Sie jedenfalls auch noch persönlich vielen Dank für das Arrangement der ganzen Produktion.

Mit den besten Wünschen und herzlichen Grüßen
ergebenst
Ihr
Ernst Krenek

27. 10. 1973

*Friedrich Smetana,
Die verkaufte Braut (1973).*

*Rechte Seite:
W. A. Mozart,
Die Entführung aus dem
Serail (1974).
Inszenierung: Axel Corti,
Bühnenbild: Wolfgang
Hutter.*

Am 23. April 1957 erhielt Carl Nemeth den Theodor-Körner-Preis, am 16. April 1983 erfolgte seine Bestellung zum Honorarprofessor an der Grazer Universität, und zwei Jahre später ereilte ihn das Glück des Österreichischen Ehrenkreuzes für Wissenschaft und Kunst um vier Tage zu früh. Man dekorierte ihn am 27. März.
Man mag dies alles auch nur als Zufall betrachten, fest jedoch steht, daß die Zeit um Ostern Carl Nemeths Biographie immer wieder mit neuen Akzenten versah.
Man braucht jedoch weder besonders abergläubisch noch ein großer Mystiker zu sein, um nicht zu erkennen, daß sich in dieser Lebenschronik ein Ordnungsprinzip erahnen läßt, das sich der rationalen Deutung entzieht. Dieses Ordnungsprinzip, das Zufall zu nennen einem jeden überlassen bleibt, mag es auch gewesen sein, das Nemeth nach verschiedenen beruflichene Interludien – u. a. schrieb er 1957 ein Buch über Franz Schmidt und war von 1961 an auch drei Jahre lang Leiter der österreichischen Phonothek – entgegen seinen ursprünglichen Absichten letztendlich doch dem Theater zuführte:
Nicht eben am 1. April, sondern am 1. Jänner des Jahres 1964 holte ihn Albert Moser als Leiter des Künstlerischen Betriebsbüros an die Wiener Volksoper. In dieser Position gewann Nemeth

Einblick in die labilen Strukturen eines Opernalltags und erwarb sich die nötige Sensibilität, diese zu beeinflussen.
Und von Albert Moser, seinem damaligen Chef, wird Nemeth wohl auch gelernt haben, die ihm – so wie auch Moser – angeborene souveräne Gelassenheit als eine der wichtigsten Tugenden eines Theaterleiters zu kultivieren. Eng verbunden mit dieser Tugend ist eine weitere, ohne die der Leiter einens so vielfach bedrohten Unternehmens, wie ein Theater es ist, einfach nicht auskommt, nämlich die hohe Kunst, sich in kritischen Augenblicken nicht zu Panikentscheidungen hinreißen zu lassen.
Im Unterschied zu vielen unglücklichen Theaterdirektoren, die das ihnen anvertraute Haus 24 Stunden lang nicht verlassen, schwang sich Nemeth zum insgeheimen Groll so mancher seiner Mitarbeiter gerne in sein Auto und strebte seinem in den Bergen nördlich von Graz gelegenen idyllischen Tuskulum zu, ahnend oder wissend, daß sich Verworrenes mitunter am liebsten und am besten wohl von selber ordnet.

2. Annäherung an die Steiermark

Wer meint, Carl Nemeth wäre eben im Jahre 1972 zum Intendanten der Vereinigten Bühnen bestellt worden und erst von da ab mit der Steiermark verbunden, irrt. Carl Nemeths Annäherung an die Steiermark war lange und vollzog sich zum Teil gar nicht so undramatisch. Es scheint vielmehr so, als hätte ein anderes biographisches Ordnungsprinzip Nemeths Lebensweg in Richtung Steiermark gewiesen.
Denn zumindest theoretisch beschäftigte sich Nemeth mit der Steiermark schon seit seiner Studienzeit in den späten vierziger Jahren. Gegenstand seiner Dissertation waren nämlich Leben und Werk eines Steirers: Es handelt sich um den 1838 in Trofaiach geborenen Komponisten Josef Forster. Carl Nemeth hat ihn der Ver-

*W. A. Mozart,
Die Entführung aus
dem Serail (1974).
Edita Gruberova
und Otto David.*

gessenheit entrissen. Dank seiner wissenschaftlichen Arbeit weiß man, daß Forsters Oper *Dot Mon* 1902 von keinem Geringeren als Gustav Mahler an der Wiener Hofoper zur Uraufführung gelangte. In Zusammenhang mit Josef Forster mag Carl Nemeths Name in der Steiermark auch erstmals einer breiteren Öffentlichkeit bekannt geworden sein: Am 24. Jänner 1954 erschien in der Grazer „Südost-Tagespost" ein Gedenkartikel über Josef Forster aus Carl Nemeths Feder. Danach freilich sollten mehr als eineinhalb Jahrzehnte vergehen, bis der Name Nemeth in der Steiermark wieder genannt wurde. Im Jahre 1968 zählte er zu den aussichtsreichsten Kandidaten für die nach Karlheinz Haberlands Abgang vakante Intendanz der Vereinigten Bühnen.

Am Tag der endgültigen Entscheidung führte der Chronist, damals Kulturredakteur der „Kleinen Zeitung", mit allen jenen Bewerbern um die Position des Intendanten, die in die engere Wahl gekommen waren, Telefonate, um deren Prinzipien, nach denen sie die beiden Grazer Häuser zu lenken gedachten, zu erkunden. Die meisten antworteten ausweichend, andere wieder ergingen sich in höchst begähnenswerten abstrakten Philosophien, einzig Carl Nemeths Äußerungen zeichneten sich durch mit freundlicher Unkompliziertheit geäußerte realistische Praxisnähe aus.

Schon damals sagte er nicht mehr, als er später realisierte. Er wolle ein brauchbares Repertoire aufbauen, diesem durch den Einbezug auch

selten gespielter Werke – vor allem der italienischen Oper – zusätzliche Attraktivität verleihen, neues Musiktheater nach Maßgabe der finanziellen Mittel pflegen und für exponierte Partien hochqualifizierte Gäste verpflichten.
In diesem Zusammenhang sprach Nemeth damals schon über seine Idee einer „Teilstagione", die er sich für besonders exponierte Produktionen vorstellen könnte. Das heißt, einen Gast oder ein Team hochqualifizierter Gäste nicht nur punktuell für die Premiere oder für die eine oder die andere Vorstellung zu verpflichten, sondern für eine geschlossene Aufführungsserie. Mit dieser recht schlüssigen Methode sollte den einzelnen Vorstellungen anhaltendes Niveau gesichert werden.

Kühl und realistisch hatte Nemeth am Schluß des Telefonates auch ersucht, ihn über die endgültige Entscheidung des Theaterausschusses, des für die Bestellung des Intendanten zuständigen politischen Gremiums, zu verständigen. Nemeth wartete diese jedoch nicht vibrierend hinter seinem Schreibtisch in der Wiener Volksoper ab, sondern – für seinen souveränen Umgang mit den auch schwierigeren Dingen des Lebens nicht untypisch – in dem der Wiener Volksoper anliegenden Restaurant „Falstaff".
Kann sein, daß Nemeths Darlegungen dem Theaterausschuß zwei Jahre nach der Studentenrevolte des Jahres 1968 zu vernünftig und zu wenig von verbalen Radikalismen durchsetzt waren – die Wahl fiel jedenfalls nicht auf Carl

W. A. Mozart, Die Entführung aus dem Serail (1974). Helmut Berger-Tuna und Erich Seitter.

Plakat: Gastspiel Richard Wagner, Der Ring des Nibelungen in Palma de Mallorca (1974).

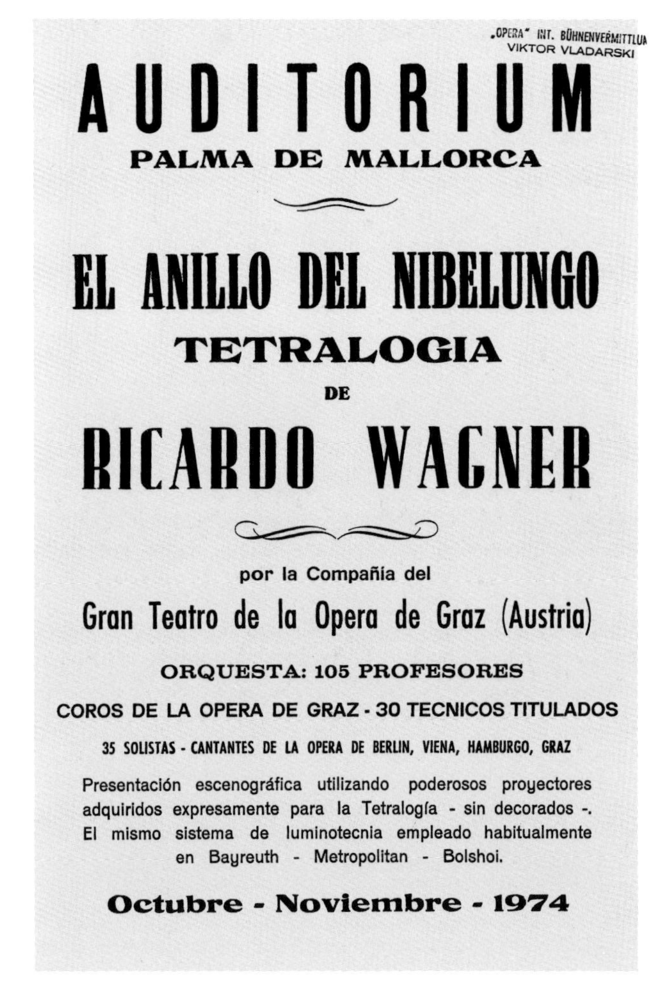
"OPERA" INT. BÜHNENVERMITTLUNG
VIKTOR VLADARSKI

AUDITORIUM
PALMA DE MALLORCA

EL ANILLO DEL NIBELUNGO
TETRALOGIA
DE
RICARDO WAGNER

por la Compañía del
Gran Teatro de la Opera de Graz (Austria)

ORQUESTA: 105 PROFESORES
COROS DE LA OPERA DE GRAZ - 30 TECNICOS TITULADOS
35 SOLISTAS - CANTANTES DE LA OPERA DE BERLIN, VIENA, HAMBURGO, GRAZ
Presentación escenográfica utilizando poderosos proyectores adquiridos expresamente para la Tetralogía - sin decorados -. El mismo sistema de luminotecnia empleado habitualmente en Bayreuth - Metropolitan - Bolshoi.

Octubre - Noviembre - 1974

Nemeth, sondern auf den eher als Außenseiter geltenden Reinhold Schubert.
Also ergab sich für den Schreibenden damals die unangenehme Pflicht, den im „Falstaff" tafelnden Carl Nemeth, wie versprochen, von dieser für ihn bedauerlicherweise negativen Entscheidung in Kenntnis zu setzen. Nemeths damalige Reaktion wirkte überzeugend ruhig und vermittelte den wohl richtigen Eindruck, daß zumindest für diesen der leer ausgehenden Kandidaten keine Welt zusammenbricht. Nemeth werkte eben als Leiter des Künstlerischen Betriebsbüros der Wiener Volksoper weiter.

Nicht mehr allzu lange allerdings. Denn die von Reinhold Schubert für Oper und Schauspiel erstellten Spielpläne und Produktionen fanden bei Publikum und Presse noch weniger Anklang als jene seines Vorgängers Karlheinz Haberland. Nach zwei wenig glücklichen Spielzeiten sah sich der Theaterausschuß unter dem immer massiver werdenden Druck der öffentlichen Meinung gezwungen, den Vertrag mit Reinhold Schubert vorzeitig zu lösen.
Man schrieb – siehe vorne – wieder einmal den 1. April, als Carl Nemeth im Jahre 1972 auf dem mittlerweile im deutschsprachigen Theaterraum nicht ganz zu Unrecht als „Schleudersitz" bezeichneten Grazer Intendantensessel Platz nahm und daranging, einen tief in der Krise steckenden Opern- und Schauspielbetrieb zu sanieren.

3. Ein Buddha im Augiasstall

Daß neue Besen gut kehren, ist eine alte Weisheit, die sich auch in Carl Nemeths Fall bestens bewahrheitet hat. Wer jedoch glaubt, daß Carl Nemeths Grazer Theaterjahre von Anfang an oder auch überhaupt jemals von forschem Zupacken oder Dreinfahren geprägt waren, irrt.
Carl Nemeth war nie der Typ des all- und immer gegenwärtigen Theaterdirektors, der das Haus im Morgengrauen betritt, um zunächst einmal das technische Personal zu inspizieren, um dann, wenn gegen zehn Uhr vormittag die Proben beginnen, wohl auch keine einzige zu versäumen, zwischendurch – an jedem Ohr einen Hörer – mit Gott und der Welt zu telefonieren, Briefe zu diktieren, möglicherweise ebenfalls telefonisch oder auch persönlich sich und seine Sache bei dem einen oder anderen Politiker ins rechte und günstige Licht zu stellen, dabei freilich nicht vergessend, gegen etwaige Gegner das eine oder andere Nachteilige fallen zu lassen, um dann schließlich, von solch reichem Tage-

werk befriedigt, abends – gewissermaßen als dessen Krönung – auch noch die jeweilige Vorstellung zu besuchen und, damit auch noch nicht genug, nach deren Ende – und selbstverständlich auch schon in den Pausen – die Mitwirkenden durch Lob und Tadel zu erhöhtem oder andauerndem Eifer anzuspornen.

Es wäre falsch zu behaupten, Nemeth wäre genau das Gegenteil. Freilich hat Carl Nemeth alle diese auf einen Theaterleiter nun einmal zukommenden Aufgaben auch erfüllt. Er tat dies jedoch nie mit der hechelnden Betriebsamkeit, die vor allem solche entwickeln, die ihrer Sache nicht ganz oder auch gar nicht sicher sind. Nemeth verströmte von Anfang an überlegene Beherrschtheit. Wollte man Auguste Rodins Ausspruch „Genie ist Fleiß" auf Carl Nemeth anwenden, würde man sich sicher ein bißchen schwertun, ihn als Genie zu bezeichnen. Doch Nemeth erwies sich auf andere Art genial, nämlich durch seinen hochentwickelten Instinkt für das Erkennen des richtigen Augenblicks.

So war Nemeth imstande, eine allen übrigen Beteiligten mit händeringender Verzweiflung als unaufschiebbar dringlich erscheinende Klärung einer Frage mit einer ans Irrationale grenzenden Seelenruhe vor sich herzuschieben, um dann, wenn alle anderen schon insgeheim die Hoffnung auf eine Lösung des anstehenden Problems aufgegeben hatten, gleich einem japanischen Meister des Zen oft auch nur in wenigen Minuten Klarheit zu schaffen.

Noch eine Eigenschaft war es, die Carl Nemeths Amtsstil kennzeichnete und vor allem von Partnern, die die Kunst des Veranstaltens mit einem ständigen Zitieren aus dem deutschsprachigen Großfeuilleton aufgeschnappter Phrasen verwechseln, mitunter recht heftig kritisiert wurde: Carl Nemeth pflegt seine Ansichten über Kunst und Theater auf leicht faßliche Weise auszudrükken. Wer sich von ihm Tiraden und Reflexionen im Stil der Frankfurter Schule erwartet, wird bitter enttäuscht. Für ihn ist die Leitung eines Theaters ein erlernbares Handwerk. Opern, Arien, Melodien, Schönheit insgesamt stellen sein Instrumentarium.

Einzi Stolz und Carl Nemeth. Gala-Abend der Robert-Stolz-Stiftung (1975).

Wenn sich abends dann der Vorhang hebt, ist er sich nicht ohne Ironie des Talmihaften hinter und über all dem blendenden Glanz voll bewußt.

Und wenn er dem – überwiegend erfolgreichen – Geschehen auf der Bühne folgte, ließ er mitunter schmunzelnd so manchen Hinweis darauf fallen, welche Labyrinthe an Kleinlichkeit, Eitelkeit, Selbst- und Eifersucht, Hab- und Raffgier zu durchirren und welche Gebirge von Unverstand und Unvermögen zu erklimmen waren, bis so ein Theaterabend endlich leidvoll erkämpft und erstritten war.

Nemeths sprichwörtlicher Gleichmut half ihm, zwischen all den hochgehenden Emotionswogen das schwankende Schiff, das eine im Probenstadium befindliche Produktion zwangs-

Vincenzo Bellini, La Sonnambula (1975). Sona Ghazarian und Adolf Dallapozza.

weise ist, ja sein muß, fast immer ohne zu kentern bis zur Premiere zu steuern. Immer wieder gleich plötzlich explodierenden Minen auftretenden Schwierigkeiten begegnete er mit seinem in sonorer Baritonlage vorgetragenen stehenden Satz, „das werden wir schon ins Lot heben".
Wenn sich die Grazer Oper zur Zeit der Abfassung dieser Zeilen – Februar 1990 – an Niveau und Angebot mit manchen anderen weit besser dotierten Musikbühnen des deutschen Sprachraumes – und wohl auch mit Anstand mit der Wiener Volksoper – messen kann, so ist dies ohne Zweifel ein Verdienst Carl Nemeths. Ein Theater leiten heißt nämlich nicht, ein ein für allemal erstelltes festes Konzept, koste es, was es wolle, durchzuziehen; die Leitung eines Theaters wie überhaupt die Leitung eines großen Betriebs ist und bleibt trotz aller computergesteuerter Management-Herrlichkeit in erster Linie, wenn nicht überhaupt, Sache des Sonnengeflechts. Ein Theaterleiter, der nicht fühlt, wann er anwesend und wann er abwesend zu sein hat, der sich anbahnende Schwierigkeiten nicht auf kassandrahafte Weise vorausahnt, der nicht in der Lage ist, einen Plan während eines Gespräches in Sekundenschnelle fallen zu lassen und durch einen anderen zu ersetzen und dabei allen Beteiligten überzeugend glaubhaft zu machen, dieses neue Konzept wäre ohnedies schon von allem Anfang an sein eigentliches gewesen – ein Theaterleiter, der dazu nicht in der Lage ist, wird, ja muß bald scheitern.
Da Nemeths Habitus ein geräumiges Sonnengeflecht verrät, hat er auch alle diese Vorausset-

zungen zur Leitung eines Theaters im reichsten Maße.
Vor allem aber verfügt Carl Nemeth noch über eine andere Gabe, ohne die ein jeder, der eine leitende Position bekleidet, rettungslos verloren ist; Carl Nemeth ist ein fast seherischer Menschenkenner. Ein paar Sätze genügen, und Carl Nemeth weiß, mit wem er es zu tun hat. In Verhandlungen und Unterredungen versteht er es wie kaum ein anderer, manche die eigentlichen Anliegen paraphrasierenden Einleitungen seiner Partner als solche zu enttarnen und dem eigentlichen Thema gewissermaßen auf einem rhetorischen Abkürzungsweg zuzusteuern.
Alle diese Kenntnisse, Eigenschaften und Instinkte bringen es mit sich, daß ein Theatermann wie Carl Nemeth, auch wenn er, was man ihm mitunter vorwarf, gerne zurückgezogen in seinem Zimmer saß und über Projekten träumte, mit seinen Mitarbeitern nicht dienstrechtlich oder über irgendwelche Gastspielverträge verbunden ist, sondern durch eine unsichtbare Nabelschnur des Instinktes, die ihn die Vorgänge in seinem Theater schon fühlen läßt, bevor er diese konkret zur Kenntnis nehmen muß. Ein Theaterleiter vom Typ Carl Nemeths verschmilzt mit seinem Haus und dessen Mitarbeitern zu einer Art von Organismus, in dem kein Bestandteil ohne den anderen existieren kann, in dem der Gesamtzustand das Verhalten des einzelnen diktiert.
Dies wieder führt dazu, daß Theaterbetrieben, in denen zwischen Direktor und dessen Mitarbeitern eine solche innerliche Symbiose besteht, eine ganz bestimmte, unverwechselbare Aura eignet. Die Grundstimmung dessen, der an der Spitze steht, überträgt sich auf rational kaum erklärbare Weise auf das Bühnengeschehen.
Kein Zweifel, auch in Carl Nemeths Ära hat es Flops gegeben. Doch alle Vorgänge, die sich unter seiner Ägide auf der Bühne des Grazer Opernhauses zutrugen, vermittelten den Eindruck des souverän Soliden. Wenn Nemeth mit einer Produktion scheiterte, so vermittelte dieses Scheitern nie den Eindruck der völligen Hilflosigkeit, der am Rande des künstlerischen Abgrunds stehenden Überforderung.
Gerade die Weise, auf die ein künstlerischer Leiter scheitert, gibt vom Geist und vom Stil, in denen ein Haus geführt wird, einen klareren Eindruck als so mancher vereinzelte und mit Ach und Krach errungene und erzwungene Premierenerfolg. Nemeths Produktionen waren stets frei von vorhersehbaren Mängeln und glitten nie in den niveaulosen Witz der Unbildung ab. Meistens waren es künstlerische Konzeptionen, die sich dann auf der Bühne als doch nicht so zwingend erwiesen, wie man hoffte. Nemeth verstand mit Überlegenheit zu scheitern. Und er verstand es, die oft ätzende Tageskritik – auch aus der Feder des Verfassers dieser Zeilen – mit ebenderselben Überlegenheit und Toleranz hinzunehmen.

Maria Jeritza, Christine und Carl Nemeth in New York (1976).

Emerich Kálmán,
Die Csárdásfürstin (1976).

Ganz im Gegensatz dazu aber steht das fast romantische innere Feuer, mit dem er immer wieder versuchte, seine Programmvisionen zu realisieren. Es war eine Art verhohlener Enthusiasmus, den er und der ihn nur selten verriet. Ein Enthusiasmus, der ihn – wie jeden von einem künstlerischen Projekt Besessenen – zunächst nach der konkreten Machbarkeit dessen, was ihm vorschwebte, gar nicht fragen ließ, ein Enthusiasmus, der ihm die Kraft verlieh, sich die Realisierbarkeit eines Planes solange vorzutäuschen, bis sie sich, mitunter von allen Beobachtern unerwartet, plötzlich dennoch ergab.
Dieses Bouquet an Voraussetzungen mag es auch gewesen sein, das ihm im April 1972 den halsbrecherischen Sprung nach Graz überhaupt möglich erscheinen ließ. Nemeth sprang nicht nur in eine an sich fix und fertig geplante Saison seines Vorgängers Reinhold Schubert, die etwaige Programmintentionen seinerseits gleich einem Korsett abschnürte.
Auch für die Planung der kommenden Saison hätte es jedem kühl kalkulierenden Programmacher als schon rettungslos zu spät scheinen müssen. Immerhin müssen vor allem vertragliche Vereinbarungen mit Gästen, sollen diese nur einigermaßen prominent sein, mitunter mehrere Jahre im voraus getroffen werden. Aber auch verschiedene Musikverlage sind nicht ohneweiters in der Lage, Leihmaterialien für die eine oder andere Oper kurzfristig zur Verfügung zu stellen, wenn diese schon von anderen Bühnen vorreserviert sind.
Daß sich Nemeth dennoch darauf einließ, ist eine jener irrationalen Entscheidungen, die oft ein Leben bestimmen.

4. Der Spielplan als Kunstwerk

Obwohl Carl Nemeth seine Tätigkeit als Intendant der Vereinigten Bühnen Graz unter den denkbar ungünstigsten Bedingungen antrat,

Programmzettel mit Autogrammen von Birgit Nilsson, Barry Morell, Thomas Tipton und Argeo Quadri.

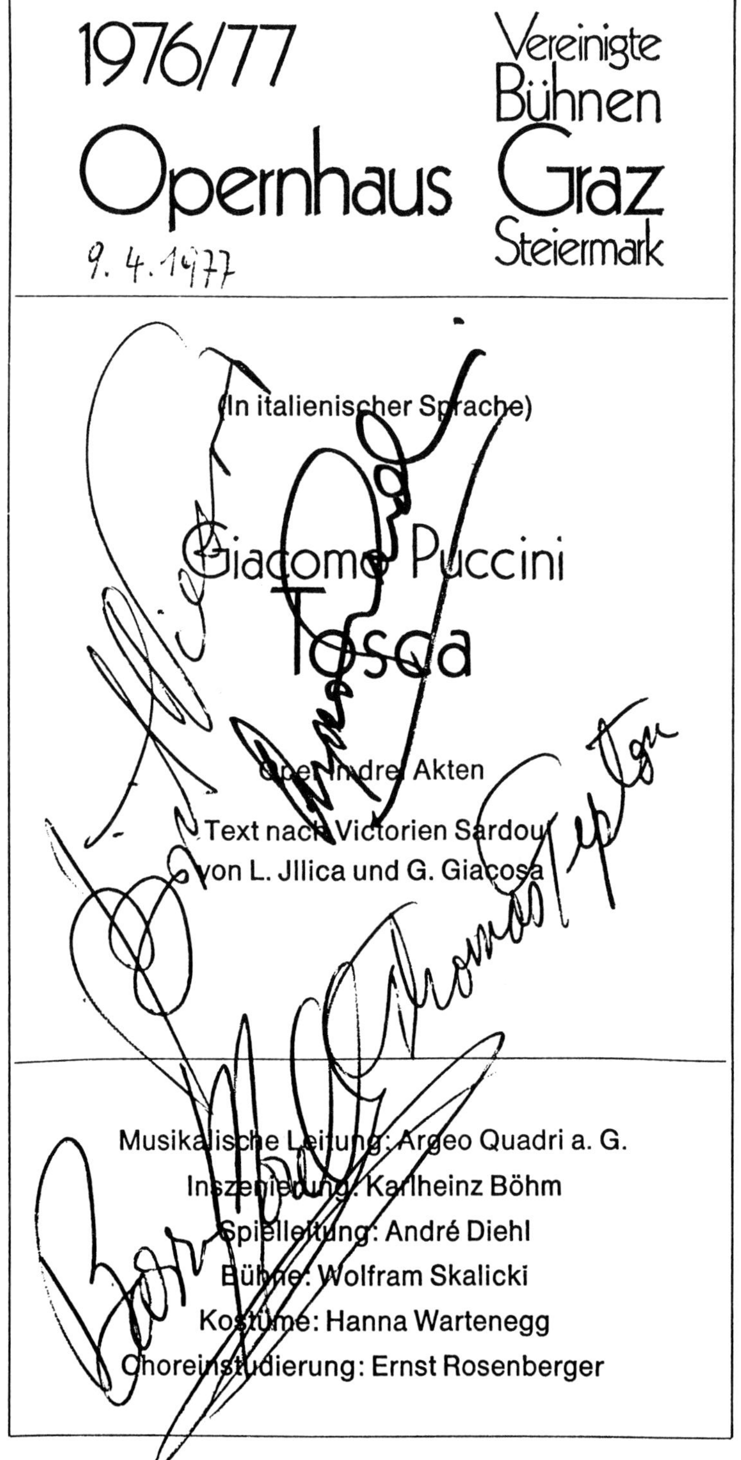

1976/77

Vereinigte Bühnen

Opernhaus Graz

Steiermark

9. 4. 1977

(In italienischer Sprache)

Giacomo Puccini

Tosca

Oper in drei Akten

Text nach Victorien Sardou
von L. Jllica und G. Giacosa

Musikalische Leitung: Argeo Quadri a. G.
Inszenierung: Karlheinz Böhm
Spielleitung: André Diehl
Bühne: Wolfram Skalicki
Kostüme: Hanna Wartenegg
Choreinstudierung: Ernst Rosenberger

lassen sich seine Intentionen als Spielplan-Architekt – eigentlich wieder unverständlicherweise – gerade aus dem Spielplan seines ersten Jahres – oder besser – aus den Spielplänen seiner ersten Jahre am deutlichsten ablesen. Auf diese soll auch als pars pro toto hier kurz eingegangen werden.

Weiß man Spielpläne zu deuten, so wird man zweierlei feststellen: eine langfristige inhaltliche Konzeption und – damit verbunden – den hartnäckigen Willen, den Trampelpfad des herkömmlichen Repertoires zu vermeiden, so als wollte er dem C in seinem Vornamen die Reverenz erweisen und dessen Exklusivität auch und vor allem auf seine künstlerische Arbeit ausweiten. Oder noch genauer, für den Fall, daß der Name tatsächlich den Menschen prägt, hat Carl Nemeth gar nicht anders gekonnt, als sich in der Wahl seiner Programme auf die Erlesenheit seines Geschmacks mehr als auf die kalkulierbare Wahrscheinlichkeit des breiten Publikumserfolges zu verlassen.

Vielleicht war es auch nur sein Unterbewußtsein, das in ihm das stete Mühen weckte, einen Spielplan zu einer Art Gesamtkunstwerk zu machen, in dem ein Werk auf das andere weist und alle zusammen ein unverwechselbares Gesamtbild ergeben.

Dieses Bemühen Nemeths erinnerte auf gewisse Weise an André Diehl. Diehl war zur Zeit von Nemeths Grazer Amtsantritt so etwas wie eine lebende Grazer Theaterlegende. Die Jahre, die André Diehl in Graz als Intendant verantwortete (1955 bis 1965), galten als die goldenen der Nachkriegszeit. Immerhin stellte Diehl schon Anfang der sechziger Jahre den ersten *Ring* im Stile Wieland Wagners außerhalb von Bayreuth mit prominentester Besetzung auf die Grazer Opernbühne und festigte den Ruf von Graz als Wagnerstadt.

Diese anfängliche innere Nähe zwischen den beiden dürfte auch der Grund dafür gewesen

ROLEX
OYSTER PERPETUAL
DATEJUST
SUPERLATIVE CHRONOMETER
OFFICIALLY CERTIFIED
16

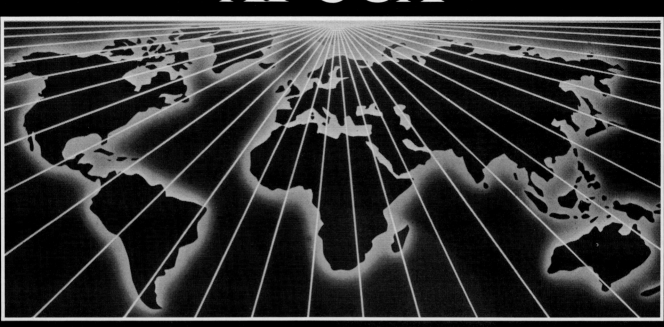

Richard Wagner, Die Meistersinger von Nürnberg (1977).

sein, daß Nemeth Diehl für die ersten Jahre seiner Grazer Intendanz als „Direktionsrat" an sich band. Diehl fungierte damals wohl auch als erfahrener Cicerone durch den für einen Fremdling nicht ganz ungefährlichen Irrgarten der steirischen Kulturpolitik und jener der Stadt Graz. Nemeths künstlerische Vision schien jener Diehls allerdings diametral entgegengesetzt. Lag Diehls Stärke vor allem in der Pflege der Werke von Richard Wagner und Richard Strauss, so schwebte Nemeth einerseits die Wiedererwekkung der von den Sonnen Verdis und Puccinis überstrahlten italienischen Belcanto-Oper vor, wie sie Vicenzo Bellini, Gioacchino Rossini, Gaetano Donizetti oder auch Amilcare Ponchielli geschrieben hatten, andererseits aber wollte er die Grazer Oper intensiver als bisher zur Stätte einer kontinuierlichen Mozartpflege machen.

Karl Millöcker,
Der Bettelstudent (1977).
Willy Popp als Enterich.

Kurz, Carl Nemeths stilistische Ideale waren schlanker, zielten eher auf klare, helle Melodik als auf schweren Bühnenmythos.
Und für die Realisierung beider dieser Ziele hatte sich Nemeth den geeigneten Mann gesucht: Der aus Graz stammende Ernst Märzendorfer sollte einen Grazer Mozartstil kreieren, das Feuer und das Licht der *Italianità* sollte der temperamentvolle Argeo Quadri in Graz zum Lodern und Leuchten bringen.
Das hatte freilich zur Folge, daß der seit André Diehls Zeiten alle Krisen mit unangefochtener Souveränität überdauernde Opernchef Berislav Klobučar als anerkannter Wagner- und Richard-Strauss-Dirigent seine Beziehungen zu Graz lokkerte und schließlich abbrach. Denn schon in jener Saison, in die Nemeth im April 1972 einsprang, gelang es ihm, ein Signal zumindest für eines seiner beiden Ziele zu setzen. Von seinem Vorgänger nämlich hatte er die vertragliche Verpflichtung ererbt, die *Frau ohne Schatten* von Richard Strauss mit Berislav Klobučar als Dirigenten, Hans Hartleb als Regisseur, Ekkehard Grübler als Ausstatter und Sigrid Kehl als Färberin zu exekutieren.
Mit viel Geschick gelang es Nemeth jedoch, dieses ganz und gar nicht der von ihm angestrebten Programmlinie entsprechende Projekt abzuwenden. Eine Auszahlung der bestehenden Verträge kam wegen der hoffnungslosen Finanz-

Karl Millöcker, Der Bettelstudent (1977). Felicitas Morawitz, Erika Schubert und Dorit Hanak.

lage der Vereinigten Bühnen nicht in Frage. So versuchte Nemeth ein Ersatzprojekt zu finden, das sowohl seinen Wünschen als auch den Möglichkeiten und Interessen der drei verpflichteten Gäste entgegenkam. Mit Mozarts *La Clemenza di Tito* ward es gefunden. Am Pult stand Ernst Märzendorfer.
Den zweiten Hauptast jenes Repertoirebaumes, den Nemeth in Graz zu pflanzen beabsichtigte, ließ er erstmals zu Beginn der folgenden Spielzeit – 1972/73 – sprießen: Argeo Quadri dirigierte eine von André Diehl besorgte Neuinszenierung von Vicenzo Bellinis *I Puritani* als erste Aufführung, seit 1832 (Kärntnertortheater Wien) in Österreich nicht mehr gespielt.

5. Frühe Erfolge und erste Krise

Mozart und die italienische Belcanto-Oper bestimmten auch in den folgenden Jahren Nemeths Opernrepertoire. Die Spielpläne dieser ersten sechs Jahre verraten jenen hartnäckigen Enthusiasmus, der Nemeth den einmal eingeschlagenen Weg, ermutigt durch den Erfolg, weitergehen ließ.
Schon in der Saison 1972/73 realisierte Nemeth auch ein umfangreiches Mozart-Projekt: Ernst Märzendorfer dirigierte eine Doppelpremiere – einmal in Originalsprache, einmal in deutscher Übersetzung – der ursprünglichen Version von Wolfgang Amadeus Mozarts *Die Hochzeit des*

Figaro. In der Spielzeit darauf folgte eine – diesmal musikalisch von Theodor Guschlbauer betreute – Neuinszenierung der *Entführung aus dem Serail* durch Axel Corti und in von Wolfgang Hutter entworfenen Dekorationen. Harry Kupfer, den Nemeth schon in der Saison 1973/74 – übrigens als erster Theaterleiter Österreichs – zu einer vieldiskutierten Inszenierung der *Elektra* von Richard Strauss eingeladen hatte, präsentierte zur Eröffnung der Spielzeit 1974/75 gemeinsam mit Ernst Märzendorfer am Pult eine Neuproduktion des *Don Giovanni,* dem 1977 *Così fan tutte* folgte, die – diesmal mit Federik Mirdita als Regisseur – ebenfalls unter der musikalischen Leitung von Ernst Märzendorfer stand. Märzendorfers große Vorliebe, Werke des Musiktheaters in deren ursprünglicher Version zur Aufführung zu bringen, dürfte wohl auch zur Aufführung der *Ariadne* in deren Erstfassung den Ausschlag gegeben haben. Mit der Präsentation dieser gemeinsam mit Molières *Bürger als Edelmann* zu spielenden Urversion der *Ariadne* beging man 1976 die 200-Jahr-Feier des Grazer Schauspielhauses. Boleslaw Barlog wurde als Regisseur verpflichtet, Ernst Märzendorfer dirigierte.

Argeo Quadri hingegen sorgte für die hohe Qualität der dem Sektor der italienischen Belcanto-Oper zugehörigen Produktionen. Er betreute nach Bellinis *I Puritani* zur Eröffnung der Saison 1973/74 auch Amilcare Ponchiellis *La Gioconda*, die der mit Graz vielfach verbundene Fritz Zecha inszenierte, ein Jahr später war es Bellinis *La Sonnambula*, die Quadri gemeinsam mit Alfred Wopmann als Regisseur erfolgreich herausbrachte, im Februar 1976 folgte Rossinis *Mosé* in der Inszenierung von Hans Hartleb. Lediglich im Juni 1977 machte Quadri eine Ausnahme und dirigierte eine Neuinszenierung der *Perlenfischer* von Georges Bizet, bei der wieder Alfred Wopmann als Regisseur fungierte. Doch schon 1978 sollte mit *Anna Bolena* unter Qua-

Maurice Ravel, Die spanische Stunde (1978). Fran Lubahn und Ernst-Dieter Suttheimer.

Bild links: Otto M. Zykan, Symphonie Aus der heilen Welt (1977). Otto M. Zykan und Karl Gruber.

dris Leitung – Nathaniel Merrill war damals der Regisseur – ein Zyklus der musikalischen Königsdramen Gaetano Donizettis eröffnet werden, innerhalb dessen noch die Aufführungen von *Maria Stuarda* und *Roberto Devrieux* vorgesehen waren. Dazu allerdings sollte es nicht mehr kommen.

Es liegt auf der Hand, daß Nemeth neben diesen beiden prägenden inhaltlichen Schwerpunkten selbstverständlich auch das gängige Repertoire pflegte. Doch auch hier läßt sich erkennen, daß er sich nach Möglichkeit die billigsten Varianten, dieses zu bilden und zu pflegen, versagte. So gelangten neben Giacomo Puccinis *La Bohème*, *Tosca* und *Madame Butterfly* auch dessen *Mantel* und *Gianni Schicchi* zur Aufführung, neben Otto Nicolais *Lustigen Weibern von Windsor* auch Alexander Borodins *Fürst Igor* und neben

Ivan Eröd/Peter Daniel Wolfkind, Orpheus ex machina (1978).

Aida und *Otello* von Giuseppe Verdi auch dessen *Macbeth*.
Durch seine frühere Tätigkeit an der Wiener Volksoper war Nemeth mitwirkender Zeuge der erfolgreichen Einbürgerung des amerikanischen Musicals in Wien geworden. Was für Wien recht war, sollte für Graz billig sein, mit Jerry Bocks *Anatevka* landete Nemeth schon in seiner ersten Grazer Spielzeit einen Serienerfolg, der sich später mit Leonard Bernsteins *West Side Story* (1974) und schließlich mit George Gershwins *Porgy and Bess* (1976) wiederholte.
Daneben vernachlässigte Nemeth auch das zeitgenössische Musiktheater nicht. Nachdem er in seiner ersten Spielzeit das gängige Repertoire aufgestockt und dessen Niveau konsolidiert hatte, erfolgte im November 1973 gemeinsam mit dem *steirischen herbst* die österreichische Erstaufführung von Ernst Křeneks *Orpheus und Eurydike*. Im Alleingang führte Nemeth im Mai 1974 auf der Probebühne des Schauspielhauses Fritz Geisslers nicht sehr aufwendige Kleist-Vertonung *Der zerbrochene Krug* auf. Im Herbst desselben Jahres schon inszenierte Hans Hartleb mit Wolfgang Bozić als Dirigenten die wieder in Zusammenarbeit mit dem *steirischen herbst* veranstaltete österreichische Erstaufführung von Benjamin Brittens *Der Tod in Venedig*. Ein Jahr später folgte eine Neuinszenierung von Alban Bergs *Wozzeck*, die Harry Kupfer inszenierte und Gustav Cerny dirigierte. Ein Reigen der gängigen Operetten ergänzte das Repertoire.
Kurz, Nemeth war es in seinen ersten Grazer Jahren mit großem Elan gelungen, den etwas ramponierten Ruf von Graz als Theater- und insbesondere Opernstadt nicht nur glaubhaft zu reparieren, sondern die Grazer Oper auch für auswärtige Musikfreunde und Pressevertreter in zunehmendem Maße interessant zu machen.
Dazu kam, daß Nemeth das seit vielen Jahren zum dürftigen Dekor von Operettenaufführungen verkommene Grazer Ballett durch die Verpflichtung von Waclaw Orlikowsky als dessen neuen Chef zu künstlerischer Autonomie aufwertete.
Nicht ohne Stolz hatte man 1977 über die ersten fünf Jahre Bilanz gezogen: Die Besucherzahl war gegenüber der Spielzeit 1971/72 – also jener von Nemeths Amtsantritt – von ca. 257.000 auf rund 300.000 (um insgesamt 20 Prozent) gestiegen. Mit noch größerer Freude nahm man die finanziellen Auswirkungen dieses Besucheranstiegs zur Kenntnis. Die Einnahmen waren um 150 Prozent angewachsen. 1972 beliefen sie sich auf karge achteinhalb Millionen Schilling, 1977 notierte man unter diesem Posten satte 21,5 Millionen Schilling.
Kein Wunder, daß die Erfolgsspur, auf die Nemeth die Grazer Oper wieder gebracht hatte, auch in zunehmendem Maße zu Gastspielen ins Ausland führte. Schon in seinem zweiten Intendantenjahr gastierte die Grazer Oper mit Mozarts *Figaro* in Bozen, mit Friedrich Smetanas *Verkaufter Braut* in Luxemburg, mit dem *Rosenkavalier* in Barcelona und mit Rossinis *Barbier von Sevilla* in Szombathely.
Im Jahr darauf gastierte man u. a. mit Wagners *Ring* in Palma de Mallorca, 1976 besorgte die Grazer Oper gar eine *Figaro*-Produktion in Nairobi und präsentierte in Lausanne Rossinis *Mosé*, Bellinis *Sonnambula* und Alban Bergs *Wozzeck*.
Der euphorische Höhenflug, zu dem die Grazer Oper angesetzt hatte, wurde allerdings ziemlich abrupt eingebremst. Der Grund dazu ist ebenso alt wie unangenehm.
Am Ende der Spielzeit 1975/76 stellte sich heraus, daß die Grazer Theaterleitung im Lauf der Jahre einen unbedeckten Budgetabgang in der Höhe von insgesamt 10,5 Millionen Schilling angehäuft hatte, der dem aus Politikern des Landes Steiermark und der Stadt Graz bestehenden Theaterausschuß zunächst verborgen blieb und erst, nachdem er sich zur Unübersehbarkeit ausgewachsen hatte, auffiel.

Frederick Loewe, My fair Lady (1978). Ria Schubert, Josef Kepplinger, Peter Minich und Elisabeth Kales.

Grundsätzlich ist dazu anzumerken, daß solche Budgetüberzüge zum Alltag der Kulturpolitik in aller Welt, insbesondere aber der österreichischen, zählen. So hatte auch der legendäre, in diesen Jahren noch mit Carl Nemeth zusammenarbeitende André Diehl Jahr um Jahr sein Budget um Beträchtliches überstrapaziert. Am Saisonschluß trat er dann den schon üblichen Canossagang zum Theaterausschuß an, dessen Mitglieder Diehl zunächst die üblichen ernsthaften Ermahnungen erteilten, um aber schließlich den entstandenen Fehlbetrag dennoch – wenn auch murrend – nachzubedecken.
Warum der Theaterausschuß im Falle Nemeths und vor allem angesichts der fast dramatischen Aufwärtsentwicklung der Grazer Bühnen nicht nach diesem allgemein üblichen – und auch in der Steiermark heute noch durchaus gängigen – Modell reagierte, kann nachträglich nicht mehr geklärt werden. Vielmehr verpflichtete der Theaterausschuß Carl Nemeth und seinen Verwaltungsdirektor, Thomas Tarjan, das entstandene Budgetdefizit durch Aufnahme eines Bankkredites auszugleichen, der aus den künftigen, ohnedies nicht allzu reichlich bemessenen laufenden Budgetmitteln der Vereinigten Bühnen im Verlauf von zwölf Jahren abgetragen sein mußte.
Möglicherweise sollte mit diesem strengen Verdikt ein Exempel statuiert werden, das Wiederholungsfälle vermeiden helfen sollte.

Giacomo Puccini, Turandot (1979).

Daß mit der Grazer Theaterleitung aber auch das Grazer Theaterpublikum bestraft wurde, hat man beim Erlaß dieser Maßnahme nicht bedacht. Denn schon wurden Stimmen laut – und die regionale Presse gab diesen zum Teil nur allzu bereitwillig Raum –, die Carl Nemeths Willen zur künstlerischen Qualität, der sich notwendigerweise auch in der Verpflichtung prominenter – und zum Teil nicht gerade billiger – Gäste manifestierte, unter den üblichen Hinweisen, daß auch extrem schwierige Partien mit Kräften aus dem heimischen Ensemble zu besetzen wären, als unbegründete Verschwendungssucht interpretierte.
In Wahrheit aber setzte in diesen Jahren eine verheerende Entwicklung ein, die nicht nur die Vereinigten Bühnen Graz, sondern auch fast alle übrigen Bühnen im deutschsprachigen Raum in erhebliche Bedrängnis versetzte. Die Kollektivverträge für das technische Personal sahen nicht allein – möglicherweise noch verkraftbare – Gehaltserhöhungen vor, sondern die progredierende Verkürzung der Arbeitszeit begann den Probenbetrieb über Gebühr zu erschweren. Und dies just in einer Entwicklungsphase des Musiktheaters, in der dem szenischen Detail immer größerer Wert beigemessen wurde und in der die Regisseure daher mit vollem Recht eine Ausweitung der Vorbereitungszeit der einzelnen Produktionen forderten.

Aus diesem Würgegriff von verknappten technischen Möglichkeiten und steigendem Anspruch nach szenischer Qualität gab es keine andere Befreiung als die Bezahlung horrender Überstundenbeträge oder die Neueinstellung von technischem Personal, um Engpässe bei der Probenarbeit aufzufangen.
Da aber beispielsweise ein neueingestellter Beleuchter einen prominenten Tenor oder eine prominente Sopranistin in einer Titelpartie noch lange nicht überflüssig macht, war es klar, daß es bei anhaltendem künstlerischen Niveau und bei gleichbleibenden Subventionen – trotz der enormen Steigerung der Einnahmen – zu unbedeckten Abgängen kommen muß.
Ebenso klar war es auch, daß Nemeth nach der vom Theaterausschuß erlassenen Verurteilung zur Kreditaufnahme einige seiner Projekte – so zum Beispiel den Zyklus von Gaetano Donizettis Königsdramen – abbrechen mußte. Dies wieder führte auch zum Ende der für Graz so wichtigen Zusammenarbeit mit Argeo Quadri.
Ein weiterer Erlaß des Theaterausschusses lähmte auch den Schwung, mit dem die Grazer Oper dazu ansetzte, sich und damit auch der Stadt, in der sie steht, internationales Ansehen zu verschaffen. Einladungen zu Auslandsgastspielen durften nur noch dann angenommen werden, wenn diese so kalkuliert seien, daß den Vereinigten Bühnen daraus keine zusätzlichen Kosten erwachsen. Durch diese Maßnahme drohte den Vereinigten Bühnen zusätzlich auch eine erhebliche Re-Regionalisierung.
Kurz, Carl Nemeth und die von ihm geleiteten Vereinigten Bühnen hatten eine erste ernstliche Krise zu bestehen.

Paul Burkhard, Feuerwerk (1979). Klaus Ofczarek, Günther Lackner, Willy Popp.

Paul Burkhard, Feuerwerk (1979).

Das Glück und der Elan, mit denen Nemeth in seinen ersten Jahren die Grazer Oper revitalisierte, blieben ihm auf dem Gebiet des Schauspiels zum Teil versagt. Nicht, weil ihn dieser Sektor nicht interessiert hätte, sondern weil das Schauspiel in Graz traditionsgemäß ein sehr heikler, fast dauernd im Schußfeld der öffentlichen Kritik stehender Bereich war und auch heute noch ist. Die Ursachen liegen in der Grazer Theatergeschichte der frühen Nachkriegszeit, in der Helmut Ebbs und Ludwig Andersen als Direktoren des Schauspieles immer wieder mit exemplarischen Klassiker-Inszenierungen hervortraten, während Fritz Zecha den damals konservativen Großteil des Grazer Publikums durch brisante Aufführungen der Werke Bert Brechts u. a. schockierte.
In zunehmendem Maße wurde es schwerer, diese zweifache Erwartungshaltung des Publikums zu erfüllen. Der kriegsbedingte Nachholbedarf war in den siebziger Jahren weitgehend aufgearbeitet, die Schockschwelle des Publikums war schwieriger zu überschreiten. Andererseits multiplizierten Rundfunk und Fernsehen Spitzenaufführungen des Sprechtheaters, mit denen, bedenkt man die beschränkten Mittel, die dem Grazer Schauspiel zur Verfügung standen, nur schwer zu konkurrieren war.
Für einen internationalen Theatermann erwies sich das Grazer Schauspiel von allem Anfang an als nicht attraktiv genug, und nicht einmal das Mittelfeld von Österreichs Sprechtheaterprominenz war bereit, seine Tätigkeit ganz auf das Grazer Schauspielhaus zu konzentrieren.
So mußte Carl Nemeth zur Kenntnis nehmen, daß der in Graz beliebte Rudolf Kautek, den er zu seinem ersten Schauspieldirektor machte, nicht bereit war, seinen Grazer Verpflichtungen gegenüber jenen, die er am Wiener Volkstheater eingegangen war, den Vorrang zu geben. Nicht

BÜHNE
José Carreras
Marcel Prawy
Claus Peymann

BÜHNE
MICHAEL HELTAU
Tanz '90

Bild Seite 36: W. A. Mozart, Die Zauberflöte (1980).

W. A. Mozart, Die Zauberflöte (1980). Fran Lubahn und Wolfgang Müller-Lorenz.

unerwähnt sei in diesem Zusammenhang auch die Tatsache, daß der Intendant der Vereinigten Bühnen – so auch Carl Nemeth – in der Bestellung des Grazer Schauspielchefs durchaus nicht freie Hand hat. Diese obliegt dem Theaterausschuß.

Es ist nicht weiter verwunderlich, daß Nemeth nach den ersten drei Jahren seiner Grazer Intendanz auf eine Lösung des Vertrages mit Rudolf Kautek gerne einging. Als Ersatz für Rudolf Kautek sollte nach dem damals auch an verschiedenen anderen Bühnen im deutschsprachigen Raum üblichen und kaum erfolgreichen Modell eine kollektive Führung des Grazer Schauspiels installiert werden. Sie bestand aus den beiden Dramaturgen Heinz Hartwig und Alfred Schleppnik sowie aus dem Regisseur Gert Hagen Seebach.

Diese Lösung erwies sich auch in Graz als nicht von Dauer. Schon in der Spielzeit 1975/76 wurde Kurt Klinger als mit der provisorischen Leitung des Grazer Schauspiels betrauter Chefdramaturg verpflichtet. Wie alle Provisorien in Österreich bewährte sich auch dieses nicht so schlecht. Es bildete jedoch insofern eine Ausnahme, als der Theaterausschuß schon ein Jahr später den aus Graz gebürtigen Rainer Hauer zum Schauspieldirektor ernannte. Möglicherweise waren alle diese im Zusammenhang mit dem Grazer Schauspiel sich ergebenden Schwierigkeiten mit ein

Gaetano Donizetti, *Don Pasquale* (1980).

Grund für die gestrenge Vorgangsweise des Theaterausschusses anläßlich der Budgetüberschreitung gewesen.

7. Erfolge trotz Schwierigkeiten

Für Carl Nemeths Durchhaltevermögen spricht, daß er trotz der von diesem Zeitpunkt an akuten und im großen und ganzen akut bleibenden finanziellen Schwierigkeiten in seinem künstlerischen Anspruch, den er an die Qualität des Musiktheaters stellte, nicht nachzugeben bereit war. Zwar mußten die Gastspielreisen des Musiktheaters fast ganz eingestellt werden. Dafür gelang es aber in zunehmendem Maße, das Österreichische Fernsehen für die Aufzeichnung von Aufführungen – übrigens auch auf dem Sektor des Sprechtheaters – zu interessieren.

Als ein den Spielplan der Vereinigten Bühnen wesentlich belebender Faktor erwies sich Carl Nemeths und auch Rainer Hauers aufgeschlossene Bereitschaft zur Zusammenarbeit mit dem „steirischen herbst". Diese führte dazu, daß die Vereinigten Bühnen sowohl auf dem Sektor des Musik- als auch auf dem des Sprechtheaters über ein Ur- und Erstaufführungspotential verfügten, das weit über dem Durchschnitt fast aller vergleichbarer Bühnen innerhalb Österreichs und Deutschlands lag.

So hat Carl Nemeth im Laufe seiner Grazer Intendantenjahre gemeinsam mit dem „steirischen herbst" insgesamt 14 moderne Opern – davon sieben Uraufführungen – produziert.

Produktionen zum Teil, die spontan auch überregionale Beachtung fanden: Produktionen wie z. B. Ernst Křeneks *Johnny spielt auf*, Ivan Eröds *Orpheus ex Machina*, Otto M. Zykans *Auszählreim* oder *Jakob Lenz* von Wolfgang Rihm wurden von den Wiener Festwochen übernommen, die Uraufführung von Friedrich Cerhas *Rattenfänger* führte zu einer Koproduktion mit der

Giuseppe Verdi, Nabucco (1980).

Wiener Staatsoper. Diese Uraufführung rückte ebenso wie die von Serge Prokofjews *Maddalena* im Jahre 1981 anläßlich eines vom „steirischen herbst" gemeinsam mit Nemeth initiierten und organisierten Musiktheaterschwerpunktes die Grazer Oper in den Mittelpunkt des internationalen Interesses.

Selbstverständlich wurden alle diese Produktionen auch vom Österreichischen Fernsehen aufgezeichnet.

Nicht minder spektakulär liest sich nun im nachhinein wohl auch überwiegend die Chronik der Zusammenarbeit zwischen dem Grazer Schauspiel und dem „steirischen herbst" während der Ära Nemeth. In diese fallen nicht allein Ereignisse wie z. B. die einen heftigen kulturpolitischen Skandal auslösende österreichische Erstaufführung von Wolfgang Bauers *Gespenstern*, in diese fallen auch die Uraufführungen sämtlicher Theaterarbeiten von Gerhard Roth bis zum Jahr 1984 ebenso wie die Uraufführungen der Bühnenstücke von Ernst Jandl, Elfriede Jelinek, Pier Paolo Pasolini, Augusto Boal, Samuel Beckett und Heiner Müller. Von den 36 unter Carl Nemeths Intendanz von seinem Schauspieldirektor Rainer Hauer produzierten Uraufführungen erfolgten 27 in – vor allem auch finanzieller – Kooperation mit dem „steirischen herbst".

Claude Débussy, Pelléas et Mélisande (1980). Fran Lubahn und James Johnson.

8. Pastorales Madrigal

Irgendwann im frühen Sommer des Jahres 1990 ist dann der Tag da, an dem Carl Nemeth sich ein letztes Mal hinter seinem geräumigen Schreibtisch hervorkämpfen wird, sich mit wohl kaum stärkerer Emotion als all die vielen vorangegangenen Male im für ihn typischen rhetorischen Stakkato von seiner Sekretärin verabschieden und seinem Wagen sanft die Sporen geben wird, um sich von diesem für immer in sein schönbrunngelbes Anwesen zwischen den Hügeln vor dem Schöckel bringen zu lassen.
Carl Nemeth ist gelassen genug, um aufhören zu können. Er ist keiner, der an seinem Sessel klebt, er ist auch keiner, der im Pensionsschock keine Demütigung scheut, um nach allen Seiten seine Dienste anzubieten.
Carl Nemeth hat es sich gerichtet. Carl Nemeth ist unabhängig. Innerlich und materiell.
Und die Chronik der großen Abende, für die er verantwortlich zeichnete, aber auch die Summe jener Versuche und Anstrengungen, die weniger glücken wollten, wird sich in ihm nach und nach zu einem immer weiter entrückten heiteren Gesamtkunstwerk einer zornlos lächelnden Erinnerung weiten.
Ein heiteres Kunstwerk der Erinnerung, das nicht allein aus Abenden besteht, aus großer und kleiner Oper, aus großem und kleinem Spekta-

Emerich Kálmán, Gräfin Mariza (1981). Zsuzsa Domonkos und Willy Popp.

kel, ein Kaleidoskop aus Bildern, Gedanken, Gestalten, wie sie nicht nur auf den Bühnen der von ihm geführten Häuser zu sehen und zu hören waren, sondern wie sie sich vor – und wohl auch oft genug hinter – ihm mehr oder weniger brillant produzierten.
Nicht nur die große Anzahl der berühmten Gäste wie z. B. Monserrat Cabbalé oder Luciano Pavarotti ist es, die diese Szenen der Erinnerung bevölkern, sondern wohl auch so manches hinter den Kulissen produzierte Rüpelspiel. Nemeths souveräne Lebenskunst ließ ihn solchen, auch dann noch, wenn diese mit aller Vehemenz gegen ihn gerichtet waren, stets mit ungespielter Belustigung folgen. Sei es nun, daß eine vom Enthüllungsjournalismus beseelte Tageszeitung seiner angeblichen Mißwirtschaft eine ganze Serie widmete, sei es, daß einige seiner engsten Mitarbeiter einen seiner seltenen Auslandsaufenthalte benutzten, um sich zu seinem Sturz zusammenzurotten. Und war es auch nur der Umstand, daß eines Wintertags, als Teile der Grazer Öffentlichkeit wieder einmal das unstillbare Bedürfnis verspürten, über die Situation des Grazer Theaters zu diskutieren, ihn hoher Neuschnee in seiner pastoralen Einschicht festhielt und so an der Teilnahme an besagter Debatte hinderte, so trug ihm auch dies ebenfalls wieder heftigste Presseschelte ein.
Aufgehen im heiteren Theater der Erinnerung werden auch diverse intrigante Proteste seitens einiger ihre tatsächlichen Fähigkeiten wohltätig überschätzenden Mitglieder seines einstigen Ensembles gegen Nemeths von Qualitätswillen diktierte Gepflogenheit, für exponierte künstlerische Aufgaben Gäste zu verpflichten.
Zu den großen Erheiterungen Nemeths zählten schließlich wohl auch alle hitzigen Aktivitäten, Gerüchte und Tolpatschigkeiten anläßlich der Suche nach seinem Nachfolger. Nemeth wirkte wie ein amüsierter Premierengast, der das Geschehen um ihn mit distanziertem Interesse verfolgt.
Das Theater seiner Theaterjahre ist zu Ende. Seine Szenen werden aufgehen im vielstimmigen Madrigal seines künftigen Lebens in der ruhigen Schönheit der Landschaft, in der sein Haus steht. Sie werden hinter seinen musikwissenschaftlichen Studien, denen er sich in fast

Richard Wagner, Tristan und Isolde (1981). Janice Yoes und Pentti Perksalo.

biedermeierlicher Stille hingibt, und im gemeinsamen Violinspiel mit seinem Sohn zu immer weniger bedeutenden Episoden verblassen. Carl Nemeths Lebensfinale könnte eine beziehungsvolle pastorale Idylle werden, in denen die Schönheiten der Kunst, denen er gerne und lange diente, nun in der Schönheit der Natur ihre endliche Erfüllung finden.

Denn hinter Carl Nemeths langer Vergangenheit hat noch viel Zukunft Platz.

Mathis Huber

Die Ära Nemeth

18 Jahre Musiktheater

Manchmal wollte ich,
daß Graz von mir lernen
sollte, und mußte erfahren,
daß ich es war, der von
Graz lernen mußte.

Carl Nemeth, 1977

Als Carl Nemeth im April 1972 die Intendanz der Vereinigten Bühnen Graz-Steiermark und damit die Direktion der Grazer Oper übernahm, war das Haus noch nicht 73 Jahre alt. Nun, da er es seinen Nachfolgern Gerhard Brunner und Gundula Janowitz übergibt, zählt es stolze 91 Lenze, und doch würde niemandem einfallen zu sagen, es sei in diesen 18 Jahren gealtert. Freilich hätte auch beim Amtsantritt des Intendanten Nemeth niemand einen Schilling darauf gewettet, daß 1990 der Intendant immer noch Nemeth heißt, denn der damalige Leiter des Künstlerischen Betriebsbüros in der Wiener Volksoper hatte sich auf einen Schleudersitz begeben, der noch vibrierte, als er sich darauf niederließ: Sein Vorgänger, Reinhold Schubert, hatte ihm das Theater in einer ernsten Krise hinterlassen, nicht, wie geplant, zu Beginn der Saison 1972/73, sondern noch ein halbes Jahr vor der Zeit. Doch zwei Jahre darauf, zum 75-Jahr-Jubiläum der Grazer Oper im September 1974, war bereits weithin bekannt, daß sich in Graz die Verhältnisse geändert hatten: *Das Verhältnis der Grazer zu ihren Intendanten muß hier nicht beschrieben werden,* notierte zum Anlaß Franz Endler in der „Presse“, *durch viele Jahre erinnerte es an Selbstzerstörung und Diskussionswut. Wer immer in Graz amtierte, wurde dort auch gleich heftig angegriffen. Das hat sich gegeben, Carl Nemeth scheint diplomatisch zu sein, er hat um sein Haus zumindest einen Schutzwall gezogen und erweckt nach außen hin den Eindruck, es stünde alles zum Besten.*

Damit kein falsches Bild entsteht: Der Intendant Nemeth hat sich hinter dem Schutzwall nicht versteckt, sich vielmehr offen gestellt, den Journalisten wie dem Publikum. Seinerzeit besaß die Grazer Urania zu solchem Zweck ein eigenes Forum, „Kreuzverhör“ hieß es, eine Reihe, in der die Herren Kritiker dem Opfer hart zusetzten, um ihm im speziellen Fall dann doch von ihren Kolleginnen und Kollegen nur bestätigen lassen zu können, er habe kompetent Auskunft gegeben und seine Gelassenheit nicht verloren. Gelassenheit brauchte Carl Nemeth auch weiterhin, auch als er sich aus der Pose des heiligen Sebastian, in der ihn eine „Kreuzverhör“-Karikatur treffend zeigt, bereits wieder mehr und mehr in sein Arbeitszimmer zurückzuziehen begann: Denn in die Schlagzeilen der Massenmedien kommt ein Theater seltener wegen der Qualität seines Spielplans und öfter wegen der Ergiebigkeit seiner konstruierten oder tatsächlichen Skandale. Und deren findet sich in der gut drei Meter langen Ringordner-Straße im Opernarchiv, die die Ära Nemeth in Tausenden Presse-

Mit gespitzten Federn werden die Kulturredakteure der Grazer Tageszeitungen im morgigen „Kreuzverhör" der Urania Intendant Dr. Carl Nemeth auflauern und zur „Zwischenbilanz nach einem Jahr" auffordern
Zeichnung: G. Pils

berichten dokumentiert, eine stattliche Zahl, Strohfeuer zumeist, wie die permanenten Berichte über die leere Kassa der Bühnen und die kleinformatige Ausschlachtung der Rechnungshofberichte anno 1981, aber Strohfeuer doch, die eine zarte Seele zermürbt hätten. Carl Nemeth war so eine zarte Seele nicht. Er hat unbeirrt von Bränden und von Strohfeuern 18 Jahre lang Spielplan gemacht, an diesen Spielplan erinnert man sich, zumindest an dessen Höhepunkte, und um diesen Spielplan soll es hier auch gehen.
Ein Musikwissenschaftler ist Carl Nemeth von seinem Studium her – er erwarb sich den Doktorgrad in dieser Disziplin mit einer Arbeit über Leben und Werk des 1838 in Trofaiach geborenen und zu seiner Zeit sehr erfolgreichen „deutschen Veristen" Josef Forster –, ein Theaterpraktiker ist er von seiner „Lehrzeit" in der Wiener Volksoper her, und so kann sein Spielplan im nachhinein betrachtet weder in eine strenge Ordnung gezwungen werden, noch ist aus ihm Beliebigkeit abzulesen: Es ist ein Spielplan der Mitte mit klaren Schwerpunkten und mit genügend Konzessionen an das spätbürgerliche Publikum.

1. Belcanto

Sein liebstes Steckenpferd hat der frisch gekürte Intendant schon mit der Eröffnungsvorstellung der Saison 1972/73 verraten, mit der ersten Produktion seiner ersten eigenen Spielzeit: Vincenzo Bellinis *I Puritani*. Mit dieser Rarität aus

Gösta Neuwirth, Wolfgang Rihm, Georg Haas, Anton Prestele: Wölfli-Szenen (1981).

dem Belcanto-Archiv hat Nemeth nicht nur seine Ära denkbar unorthodox begonnen, er hat damit auch einen Auftakt zu einer Serie von Ausgrabungen gesetzt, die eines bewirken wollten und bewirkt haben: Eine Neubewertung der zumindest in der Wagnerschen Einflußsphäre zu Unrecht vernachlässigten Belcanto-Oper. Zur Gewährleistung der für einen solchen selbst gestellten Auftrag nötigen Qualität der Aufführung hat sich der neue Intendant für eine Mischform aus Ensemble-Theaterbetrieb und Stagione entschieden, als Spezialisten für das italienische Fach konnte er hier erstmals und später noch oft Argeo Quadri ans Pult verpflichten.

Selbstverständlich sang man in italienischer Sprache. Noch in derselben Spielzeit 1972/73 setzte Nemeth diese zumindest in der ersten Halbzeit seiner Ära tragende Spielplan-Idee mit einer Rossini-Entdeckung fort, mit der „Diebischen Elster", *La Gazza ladra,* und eine gewisse erzieherische Wirkung bei Nemeths Kunden scheint schon eingetreten, glaubt man dem Rezensenten der „Kleinen Zeitung", Hansjörg Spies: *Das Grazer Publikum, oft ein Landwirt, der nicht speist, was er nicht schon kennt, zeigte sich sehr angetan von allem, was es hörte und sah ... und verschaffte der Premiere erklecklich viele Vorhänge.*

Auch Carl Nemeths zweite Saison, 1973/74, sollte durch eine Produktion aus dem italienischen Belcanto-Archiv eröffnet werden, wieder mit Argeo Quadri am Pult, wieder in einer Mischbesetzung aus dem Ensemble des Hauses und Stargästen aus Italien – durch Amilcare Ponchiellis *La Gioconda*. Die strenge Kritik erhob ernste Einwände gegen diese „Exhumierung". Karl Löbl etwa titelte im „Kurier": *Trotz großer Mühe eine schöne Leich'*, und etwas differenzierter urteilend hielt Peter Vujica in der „Kleinen Zeitung" die Ausgrabung zumindest für potentiell sinnvoll. *Die halbrestaurierte Opernruine* heißt es bei Vujica, und in seinen Anmerkungen zur Choreographie treffen wir erstmals auf den das Ballettgeschehen der Ära Nemeth dann so nachhaltig prägenden Namen Waclaw Orlikowsky, dessen Balletteinlage, so Vujica vorausblickend, *sehr viel Sorgfalt und Training verriet und in seiner strapaziösen Konzeption die Erschlankung einiger mitwirkender Herren mit Sicherheit erwarten läßt.*
Nun, für das breite Publikum, das nicht vorweg nach der Logik im Libretto fragt und diesem Operntyp daher intuitiv eher gerecht wird, war dieser Belcanto-Ausflug ein Gewinn, ebenso wie der folgende, den Nemeth noch in derselben, in seiner zweiten Spielzeit aufs Programm setzte: Gaetano Donizettis *Lucia di Lammermoor*. Hector Urbon stand am Pult, Paul Hager inszenierte, und weil dieser sich, so Otto Kolleritsch in der „Kronenzeitung", dazu entschlossen hat, *die Sinnlosigkeit des Textes der „Lucia"-Musik einzugestehen, aber ... die eingearbeiteten Starparaden herauszustellen,* war der Produktion *ein Erfolg auf der ganzen Linie beschieden*. Auch Carl Nemeth war von seinem Erfolg als Opernarchäologe, zumindest was unsere nördliche Opernlandschaft betrifft, so angetan, daß er in jeder der folgenden Spielzeiten eine Schublade aus dem Belcanto-Kasten auftat. In der Saison 1974/75 kam denn wieder eine Oper von Vincenzo Bellini heraus, die bis dahin im Nachkriegsösterreich noch auf keinem Spielplan gestanden war: *La Sonnambula*. Franz Endler, der Landsleute im Publikum ausgemacht hatte, gestand unter dem Titel *In Graz müßte man sein ...* in der „Presse": *Aus Wien angereiste Opernfreunde applaudierten aufrichtig* (was

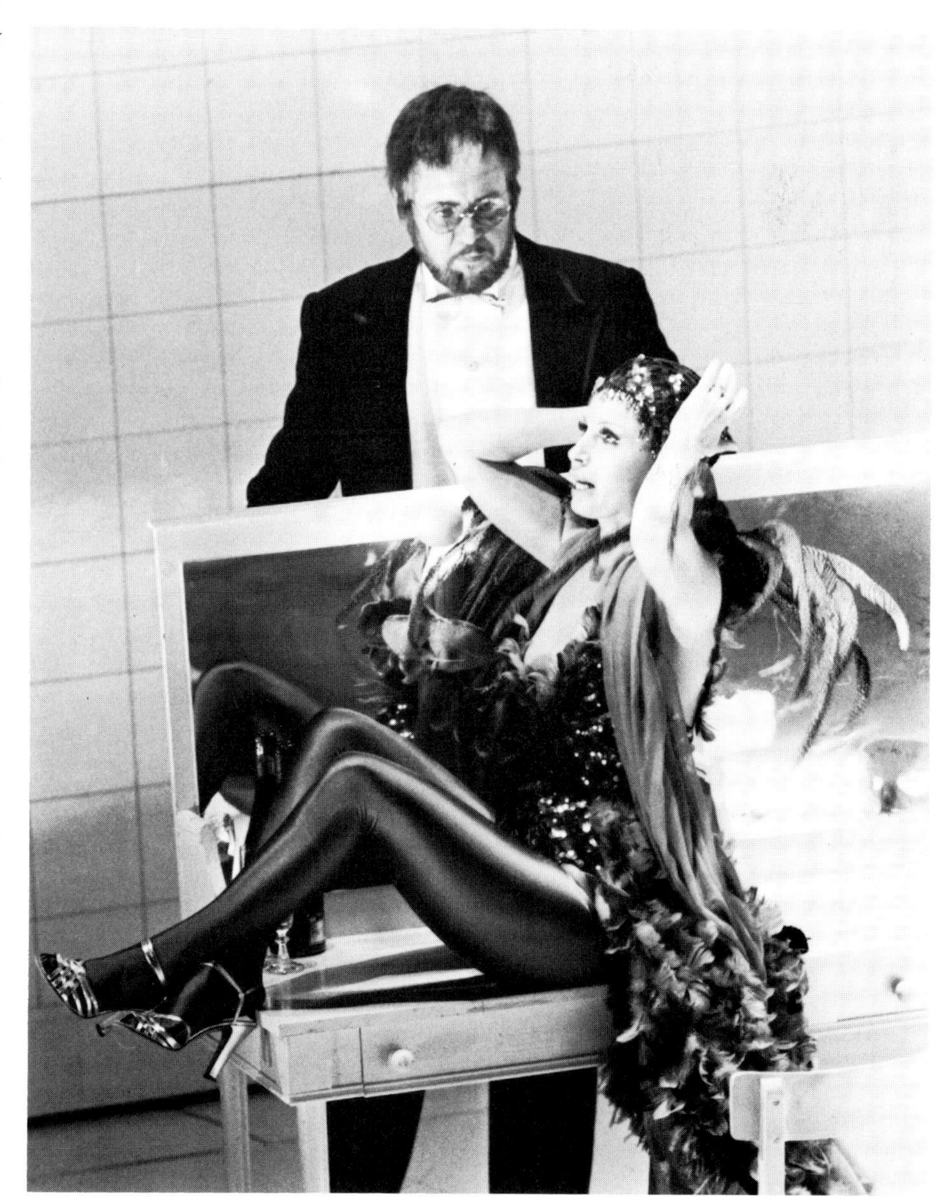

Alban Berg, Friedrich Cerha, Lulu (1981). Ursula Reinhardt-Kiss und Hans Helm.

Sergej Prokofjew, Maddalena (1981). Nancy Shade und Ryszard Karczykowski.

nun für die Wiener Opernrituale ungewollt wenig Schmeichelhaftes aussagt), und er gab auch gleich den Grund an: *Dirigent, Regisseur und Bühnenbildner ergänzten einander ideal.* Am Pult stand beinahe selbstverständlich Argeo Quadri, in Szene gesetzt wurde die Oper von Alfred Wopmann, und die Ausstattung besorgte Jean-Pierre Ponnelle. Sona Ghazarian hat als Primadonna mit akrobatischer Gurgel Kritik und Publikum schlicht hingerissen.

Lorbeerkränze für diese, Lorbeerkränze auch für Nemeths nächste Produktion aus seiner Belcanto-Serie: Für Rossinis *Mosè*, den in der Saison 1975/76 wieder Quadri herausbrachte. Das Gerücht von der Uninszenierbarkeit dieser Oper vermochte Regisseur Hans Hartleb klar zu entkräften, der Jubel des Grazer Publikums war ihm dafür sicher, aber auf den Kritikerplätzen begann auch schon die Frage aufzutauchen, ob Intendant Nemeth es mit seinem Belcantismus nicht übertreibe. So hörte Manfred Blumauer, wie er in der „Tagespost" getreulich berichtete, *im Nachhall eingängiger punktierter Rhythmen wieder das Steckenpferd des Intendanten hüpfen ... und wo findet man auf den Spielplanplakaten das breite Repertoire? Vielleicht sehe nur ich vor lauter Steckenpferden und Raritäten das Repertoire nicht. So muß es wohl sein.*

firn
ENGLHOFER
Pfefferminz-
Bonbon mit
Schokokern
Firn und immer wieder Firn

Englhofer

Carl Nemeth antwortete mit der Ankündigung einer Trilogie: Mit Jahresabstand sollten die Königsopern von Gaetano Donizetti folgen, *Anna Bolena* machte in der Saison 1977/78 den Anfang. Die Rezensenten waren aber nun dem Resultat der Zusammenarbeit von Argeo Quadri und Nathaniel Merrill, Oberspielleiter der MET, nicht gesonnen – die Inszenierung gefiel nicht, die Besetzung entsprach nicht, und Peter Vujica brachte es in der „Kleinen Zeitung" auf den Punkt: *Die Tragödie der „Anna Bolena" ereignete sich nicht aus den Noten, sondern deretwegen.* Was das Projekt der Trilogie betrifft (*Maria Stuarda* und *Roberto Devereux* hätten noch folgen sollen), stellte derselbe ebenda fest: *Aus dem Versprechen ist eine Drohung geworden.* Wegen solch schlichter Feststellungen liebten ihn seine Leser, liebten ihn aber nicht uneingeschränkt Carl Nemeth und sein künstlerisches Personal. Nebenbei: Bei einem der Gastspiele der Grazer Oper in Lausanne wurde gerade diese *Anna Bolena* mit Katia Riccarelli in der Titelpartie zu einem Riesenerfolg.
Zeitungsschelte hat die Grazer Oper in der Ära Nemeth selten erschüttert, auch nicht, als die „Kronenzeitung" das Haus just zur Halbzeit dieser Ära mit schwerem Geschütz sturmreif machen wollte. Dennoch: Die Trilogie, die zur „Drohung" geworden war, fand nicht statt, die Belcanto-Serie ruhte sogar eine ganze Spielzeit lang. Nach solch schöpferischer Pause war wieder ein großer Wurf zu erwarten, der mit Donizettis *Don Pasquale* in der Spielzeit 1979/80 in der Tat gelang. Am Pult erlebte das Premierenpublikum Wolfgang Bozić, unter Horst Bonnets Regiehand ist die Komödie *der Grazer Oper zu einem brillanten Zimmerfeuerwerk geraten,* so zumindest sah es für die „Kleine Zeitung" Hansjörg Spies.
Nach einer weiteren Pause ließ Carl Nemeth dem *Don Pasquale* wieder eine Donizetti-Oper folgen, und so wurde es doch noch eine Art

Sergej Prokofjew, Maddalena (1981). Nancy Shade als Maddalena.

Johann Strauß, Wiener Blut (1982).

Trilogie: *Der Liebestrank* kam 1981/82 in Christian Pöppelreiters Inszenierung heraus – seine zweite Grazer Arbeit –, und weil er ihn ernster gesehen hat als mancher Premierengast es erwartet hätte, hagelte es „Buhs“. Frontbildungen im Grazer Publikum waren von da an in Pöppelreiters Regie-Arbeiten vorherzusehen und traten bis zu seinem Abschied mit dem *Ring* fast regelmäßig ein. In derselben Spielzeit packte der Intendant, wenn auch nur zu einem konzertanten Ritt, nochmals sein Steckenpferd aus: Verdis viertes Bühnenwerk, *I Lombardi alla prima crociata,* erntete Applausstürme, entscheidenden Anteil an diesem Erfolg hatte Nikša Bareza am Pult.

Nikša Bareza trug auch die musikalische Verantwortung für jene Produktion, mit der die von Carl Nemeth am liebevollsten gehegte Spielplanidee in der Spielzeit 1983/84 ihr Finale fand – oder war es ein Satyrspiel nach dem Drama: Donizettis Opernparodie *Viva la Mamma.* Für Oskar Czerwenka fand sich da in der Rolle der sangeswütigen Mamma Agata ein maßgeschneiderter Rock, für die wegen des Opernhausumbaues ins Schauspielhaus vertriebene Operntruppe ein wie aus dem Leben gegriffenes Sujet, und das Grazer Publikum bog sich vor Lachen.

2. Neues Musiktheater

Muß man es einem Opern-Intendanten als besondere Tugend anrechnen, daß er sich für das Musiktheater seiner Zeit und das der jüngeren Vergangenheit stark macht? Doch nicht – aber Menge und Art der Titel, die Carl Nemeth in seinen 18 Grazer Jahren herausbringen ließ, rechtfertigen, sein Engagement für das neue Musiktheater als zweites Signet seines Spielplans zu bezeichnen. Nicht die scharfe Avantgarde hat es dem Praktiker dabei angetan, sondern eher waren es Stücke, die sich ihren Ruhm bereits erworben hatten oder die zumindest verhießen, dies bald nachzuholen. Kein geringer Anstoß, dem neuen Musiktheater – wenn man den Begriff nicht zu eng nehmen möchte – seinen Ort zu geben, kam vom „steirischen herbst", dessen Direktorium Nemeth lange Jahre angehört hat, und der „steirische herbst" war auch zumeist der Rahmen, in dem die Grazer Oper ihre Schritte in die Gegenwart präsentierte.

Es begann mit der Macht der Musik, mit Ernst Křeneks *Orpheus und Eurydike* im Herbst 1973. Fast 50 Jahre war das Werk damals alt, älter als der Intendant, der es aufführen ließ, aber doch machten die tausend Jahre dazwischen, daß es – wie 1969 Křeneks *Karl V.* am selben Haus – eine Österreichpremiere werden sollte. *Hält man was auf den Satz, besser alt und gut als neu und schlecht, darf man mit der Werkwahl und auch mit der Aufführung recht zufrieden sein* – so begrüßte der spätere „herbst"-Intendant Vujica damals noch in der „Kleinen Zeitung" den „herbst"-Einstieg Carl Nemeths. Mit einer zweiten österreichischen Erstaufführung in derselben Spielzeit auf der Studiobühne, mit der Kleist-Vertonung *Der zerbrochene Krug* des DDR-Komponisten Fritz Geissler, überwand die Grazer Oper den „Eisernen Vorhang" – lange vor dem großen Blick nach Osten.

Sergej Prokofjew, Iwan der Schreckliche (1981).

Der Beitrag der Grazer Oper zum „steirischen herbst '74" war zwar erst ein Jahr alt, es war Benjamin Brittens Thomas-Mann-Vertonung *Der Tod in Venedig,* aber diesmal mußte – bei aller Bewunderung für die Leistung des Ensembles – Peter Vujica in der „Kleinen Zeitung" auf die Kehrseite seiner letztzitierten Aussage zurückkommen. Er berichtet von einem *Sieg für ein Werk, das den Kampf nicht wert war,* und er ist mit dieser Meinung durchaus nicht einsam. In der Spielzeit 1975/76 gab die Grazer Oper wieder einem 50 Jahre alt gewordenen Meisterwerk des „neuen" Musiktheaters die Ehre, diesmal ausdrücklich aus diesem Anlaß: dem *Wozzeck* von Alban Berg. Harry Kupfer inszenierte mit diesem *Wozzeck* bereits sein drittes Stück am Grazer Haus, seit Nemeth den ostdeutschen Musiktheatermacher 1973 für die Straussische *Elektra* erstmals in den Westen engagieren hatte können. Die Kritik war dem genialen Regisseur gegenüber immer noch merkwürdig reserviert, etwa Nemeths späterer Erbe Gerhard Brunner, der – damals noch im „Kurier" – bekannte: *Gewiß, es gibt auch gute Ansätze in dieser Inszenierung.*

Ein großer, ein spektakulärer Erfolg, so wieder Vujica, wurde das in der Spielzeit 1976/77 folgende, ganz andere neuere Stück Musiktheater, über das man auch an ganz anderer Stelle in diesem Bericht sprechen könnte: George

P. I. Tschaikowsky, Pique Dame (1982).

P. I. Tschaikowsky, *Pique Dame* (1982).
Martha Mödl als Gräfin.

Gershwins *Porgy and Bess*. „200 Jahre USA" galt es in diesem Jahr 1976 zu feiern. Um die Besetzung dieser Nationaloper der Schwarzen Amerikas hat der Intendant sich „vor Ort" bemüht und in einem großen Vorsingen in New York sein Ensemble zusammengestellt. Die Senior-Primadonna Maria Jeritza stand ihm dabei tatkräftig und immer noch voll Sangeslust zur Seite, wie Nemeth später oft und gerne erzählt hat, und so ist's kein Wunder, daß die Grazer *Porgy*-Erstaufführung auch bis in die kleinen Rollen hinein von farbigen Gästen authentisch gestaltet werden konnte.

Der „steirische herbst '77" wurde von der Grazer Oper eröffnet, diesmal mit einer Uraufführung, die um 12 Uhr mittags über die Bühne ging und auch sonst sehr Ungewöhnliches brachte: *Symphonie Aus der heilen Welt* hieß das Stück, sein Autor, Regisseur und Interpret Otto M. Zykan. Und auch zum „steirischen herbst '78" steuerte die Grazer Oper eine Uraufführung bei, auch *eine Oper, an der das Publikum Spaß hat* (Karlheinz Roschitz im „Kurier"): Ivan Eröds *Orpheus ex machina* auf ein Libretto von Peter Daniel Wolfkind, dem alter ego des in diesem Bericht oft und gerne zitierten Kritikers Peter Vujica. *Der Versuch, der Oper eine neue Möglichkeit zu eröffnen, die Scheinwelt der Bühne in Beziehung zu setzen zu den Wünschen des modernen Menschen, aus der geregelten, logischen Alltagswelt auszubrechen, war der Mühe wert. Warum sollte eine so unrealistische Kunstform immer nach realistischen Stoffen greifen?* merkte Lothar Sträter zu dieser Orpheus-Premiere an, die ihr staunendes Publikum nicht nur mit einer sehr „bekömmlichen" Variante von zeitgenössischer Musik, sondern auch mit einem phantastischen Bühnenbild Jörg Koßdorffs konfrontierte, dessen Kernstück, ein acht Meter hoher Kopf, der sich auf- und noch sonst allerhand tut, unvergessen bleiben wird.

Zwei Produktionen brachte die Grazer Oper im „steirischen herbst '80" heraus, Wolfgang Rihms Kammeroper *Jakob Lenz* im Grazer Congress und eine weitere späte Ehrung für Ernst Křenek, seinen 53 Jahre alten *Johnny spielt auf* im eigenen Haus, eine Premiere, der schon eine Art Voraufführung im Rahmen der „Wiener Festwochen" desselben Jahres 1980 vorangegangen war. Axel Corti hat den *Johnny*, der nebenbei auch vom ORF-Fernsehen aufgezeichnet worden ist, in Szene gesetzt, Ernst Märzendorfer dirigierte, und beide sorgten für einen uneingeschränkten Erfolg, den Peter Vujica, selbst nicht unverwöhnt, dann gleichsam von der Seite be-

Francis Burt, Barnstable oder Jemand auf dem Dachboden (1982). Richard Ames und Edith Gruber.

trachten wollte: *Frenetischer Jubel des Publikums für eine glänzend bewältigte Interpretation sollte allerdings nicht einziges Ziel des „steirischen herbstes" sein. Man soll's ihm aber auch nicht als Fehler aufrechnen.*

Ein ganz starker Opern-„herbst" war der des Jahres 1981: Zwei große Produktionen und eine kleinere setzte Carl Nemeth für den „steirischen herbst '81" auf seinen Spielplan. Die erste: Alban Bergs *Lulu* in einer von Friedrich Cerha komplettierten dreiaktigen Fassung, und was sollte man machen, auch dieser „herbst"-Beitrag wurde, wie Karlheinz Roschitz in der „Kronenzeitung" berichtet hat, *zu einem großen Publikumserfolg mit Ovationen, Jubel, Bravogeschrei.* Hans Hollmann hat diese österreichische Erstaufführung in einem Rahmen aus kalten, weißen Kacheln inszeniert, der Bearbeiter Cerha stand selbst am Pult. Obwohl die Komponisten sich vom Ergebnis distanzierten, war auch der zweiten Produktion, den *Wölfli-Szenen* im Redoutensaal des Schauspielhauses, ein durchschlagender Erfolg beschieden. Gösta Neuwirth, Wolfgang Rihm, Georg Haas und Anton Prestele fügten in eine Collage aus Texten des Schweizer Dichtermalers Adolf Wölfli, der in der Irrenanstalt zum Künstler wurde, vier Kurzopern, Wolfgang Bozić hatte die musikalische Leitung übernommen, und am Regiepult begegnete man hier erstmals einem, so Walter Gürtelschmied im „Kurier", *vor Einfällen strotzenden Regisseur mit professionellen DDR-Maßstäben,* Christian Pöppelreiter, der

Giuseppe Verdi,
Simon Boccanegra (1982).

danach neun Jahre lang Regiearbeit in Graz maßgeblich beeinflussen sollte. Schließlich, wieder im Opernhaus, konnten die Bühnen mit einer Prokofjew-Uraufführung aufwarten, mit seiner unvollendet gebliebenen *Maddalena* aus dem Jahr 1911, die für diese Produktion von Edward Downes, der die Aufführung auch dirigierte, komplettiert wurde. Prokofjews Musik zum Eisenstein-Film *Iwan der Schreckliche,* aufbereitet zu einem „szenischen Oratorium", ergänzte die kurze Jugendoper, der die Kritik, etwa Karlheinz Roschitz in der „Kronenzeitung", keine Zukunft verhieß: *Alter Modeschnickschnack. Viel Symboltüftelei und Deutelei, viel Aufwand und viele Regiegags für eine alte Opernklamotte, deren Musik nicht einmal trägt.*

Weniger Gnade als nun schon gewohnt gewährte das Premierenpublikum den „herbst"-Produktionen der Oper im Jahr 1982. Ernst Naredi-Rainer berichtet in der „Kleinen Zeitung": *Mit kräftigen Pfiffen und höchst schütterem Beifall reagierten die Premierenabonnenten der Grazer Oper auf die Uraufführung von Michael Rots Einakter „Die Propheten". Francis Burt und sein Textdichter James Saunders durften davor für die österreichische Erstaufführung ihres „Barnstable" immerhin höflichen Applaus entgegennehmen.* Der Wahlwiener Burt, dessen *Barnstable oder Jemand auf dem Dachboden* 1959 entstanden war, und sein Wiener Schüler Rot, der seine *Propheten* im Auftrag der Grazer Oper als Ergänzung von Burts Einakter komponiert hat,

hatten jeweils ein Stück absurden Theaters als Opernvorlage gewählt. Als Regisseur war Altmeister Oscar Fritz Schuh gewonnen worden. Im „herbst '83" wurde das Opernhaus zur Baustelle, aber das neuere Musiktheater sollte deswegen am Grazer Spielplan nicht fehlen. Ein Theaterskandal des Jahres 1930, *Aufstieg und Fall der Stadt Mahagonny* von Bert Brecht/Kurt Weill kam unter der musikalischen Leitung von Wolfgang Bozić in der Inszenierung von Kurt Josef Schildknecht im Schauspielhaus heraus, mit der Grande Dame der deutschen Opernbühne, Martha Mödl, als Puffmutter und Stadtgründerin. Die 71jährige Mödl zeigte dabei auch Bein, und die Produktion wurde, so ist es bei Ulrich Rennert in der „Kronenzeitung" zu lesen, *insgesamt ein rasantes, spritziges Spektakel, das im Lehrstück den Unterhaltungseffekt nicht vernachlässigt.*
Ein Sommernachtstraum, 1960 uraufgeführte Oper von Benjamin Britten, setzte in der Spielzeit 1985/86 Carl Nemeths hier beschriebenen zweiten Spielplanschwerpunkt fort: Als Regisseur agierte wieder Christian Pöppelreiter. *Irgendwo ... zwischen Wagners „Götterdämmerung" und Webbers „Cats",* wie sie Manfred Blumauer in der Grazer „Tagespost" einordnete, wird die in der folgenden Spielzeit, im „herbst '86", herausgebrachte Zykan-Oper oder -Nichtoper wohl auch wirklich festgemacht werden können: *Der Zurückgebliebenen Auszählreim,* ein der Gattungsbezeichnung nach „Theater für ein Opernhaus". Wolfgang Bozić dirigierte das Spektakel, Hans Hoffer stattete es, tief in die Elektronikkiste greifend, aus, und den Rest besorgte Multitalent Otto M. Zykan selbst. Einen gewaltigen Schlußpunkt hinter die hier skizzierte Suche der Grazer Oper in der Ära Nemeth nach Neuem setzte eine Uraufführung von Friedrich Cerhas Oper nach Zuckmayer *Der Rattenfänger,* die im „steirischen herbst '87" in einer Koproduktion mit der Wiener Staatsoper heraus-

Bild links:
Giuseppe Verdi, Simon Boccanegra (1982). Ludovic Konya.

Richard Wagner, Das Liebesverbot (1983). Juray Hurny, Fran Lubahn, Nelly Ailakowa.

Seite 58 oben: Dale Wasserman/ Mitch Leigh/Joe Darion, Der Mann von la Mancha (1983). Franz Friedrich, Helfried Edlinger, Felicitas Morawitz.

Seite 58 unten: Giacomo Puccini, La Bohème (1983). Nelly Ailakowa und José Carreras.

Seite 59: Richard Wagner, Das Liebesverbot (1983). Fran Lubahn und Nandor Tomory.

kam, wie zuvor *Lulu* von Hans Hollmann in Szene gesetzt und vom Komponisten dirigiert. Ließ Nemeth sein erstes, das Belcanto-Steckenpferd mit einem Satyrspiel auslaufen, so folgte hier, im zweiten Spielplan-Schwerpunkt ein ganz großes Drama auf manches Satyrspiel.

3. Blick weit zurück

Nicht an der Zahl, aber an der Gewichtigkeit der Produktionen gemessen ist das Pendant zu Carl Nemeths Spielplan-Schwerpunkt „Neues Musiktheater", sein Engagement für Opern, die älter sind als das breite Repertoire des gegenwärtigen Opernbetriebes, wert, hier gesondert betrachtet zu werden. Zum ersten barocken Abenteuer verführte den Intendanten ein Regisseur: Harry Kupfer, der, seit seiner ersten Regiearbeit im Westen, seiner Grazer *Elektra* in der Saison 1973/74, zum internationalen Star avanciert, nun, im Frühjahr 1980, sich mit Georg Friedrich Händel befassen wollte, genauer mit dessen *Alcina*. Die Kritiker reisten von weither an, um zu sehen, was Kupfer aus Händel nun gemacht habe, und sie wurden Zeugen eines glanzvollen Ereignisses in Form eines leicht verständlichen, weil von Kupfer entwirrten musiktheatralischen Besserungsmärchens.

Die zweite Annäherung an die ältere Musikgeschichte fand im Freien statt, und Carl Nemeth unternahm sie gemeinsam mit Christian Pöppelreiter als Regisseur: *L'Orfeo* von Claudio Monteverdi begeisterte ab Juli 1984 im Grazer Landhaushof zahllose Opernfreunde. Pöppelreiters üppige Phantasie und Nikša Barezas Einrichtung der Musik ließen die Produktion abseits vom historisierenden Zug der Zeit laufen, es gab mehr zu sehen und zu hören, als man fassen konnte, und der ungenannte Rezensent der Kronenzeitung setzte für das nächtlich-kühle Erlebnis sogar stolz seine Gesundheit aufs Spiel: *Lieber grippig und um so ein Ereignis reicher, als gesund und um diesen „L'Orfeo" ärmer.*
Als der aus dem steirischen Hirtenfeld stammende und am Wiener Hof groß gewordene Barockmeister Johann Joseph Fux im Jahr 1716 für Karl VI. seine *Angelica vincitrice di Alcina* schrieb, galt die Oper einem Staatsereignis, der Geburt des Thronfolgers. Als die Oper für den Grazer Spielplan 1984/85 wieder „ausgegraben" wurde, sollte sie einem neuen Staatsereignis gelten, der festlichen Eröffnung der „neuen" Grazer Oper am 12. Jänner 1985. Das Haus, von der Fellner-und-Helmerschen Theaterfabrik in zweijähriger Bauzeit aufgezogen und 1899 seiner Bestimmung übergeben, war um rund 300 Millionen Schilling großzügig und, wie gerühmt wird, dennoch sparsam an die neuen Bedürfnisse und den Stand der Technik angepaßt worden. Die Fuxsche „Festa teatrale", vom Regisseur Peter Lotschak und vom Dirigenten Nikša Bareza als repräsentatives Spektakel mit Hintergedanken auf die Bühne gestellt, sollte nun den Grazern Gelegenheit geben, ihr Haus wieder feierlich und ein wenig lokalpatriotisch gestimmt in Besitz zu nehmen. Eine Fux-Renaissance wäre zwar infolge dieses Ereignisses *kaum zu befürchten,* beruhigte sich Walter Gürtelschmied im „Kurier", jedoch, so sah es Gerhard Rohde aus einer gewissen höheren

Perspektive in der „Frankfurter Allgemeinen Zeitung“: *Die Grazer Fux-Bemühungen reihen sich respektabel ein in die Reihe interessanter Inszenierungen von Barockopern in den letzten zehn Jahren.* Und weiter: *Spätestens als zu den Schlußtakten der Musik in Graz kostümierte Bühnenarbeiter ein großes erleuchtetes Modell des Grazer Opernhauses an die Rampe schoben, erkannten die Premierenbesucher, daß sie nicht nur zum Zuschauen ins Theater gekommen waren. Die Barockoper schafft sich einen neuen Souverän: das bürgerliche Publikum. Es darf sich selbst feiern, und tat es auch ausgiebig.*

4. Rare Meisterwerke

Immer noch nicht sind wir in diesem Überblick bei jenem Spielplanelement Carl Nemeths angelangt, das es praktisch in jedem Opernspielplan der Welt gibt, immer noch lassen sich ungewöhnliche Ränder ausmachen und abteilen. Janačeks Oper *Das schlaue Füchslein,* Ravels *Die spanische Stunde,* Dvořaks *Der Jakobiner,* Orffs *Die Kluge* etwa kann man nicht als zum breiten und großen Repertoire gehörig bezeichnen, aber gerade deshalb soll die disparate Gruppe von Meisterwerken, die keine andauernden Opernerfolge wurden, aus dieser Aufzählung der Elemente, die Nemeths Spielplan bilden, auch nicht ausgespart bleiben. *Die Perlenfischer* von Georges Bizet etwa wurden in der Spielzeit 1976/77 vom Erfolgsteam Argeo Quadri (am Pult), Alfred Wopmann (Inszenierung) und Jean-Pierre Ponnelle (Bühne) herausgebracht, und der Erfolg dieser Oper ebnete einem weiteren Werk der raren französischen Art, *Lakmé* von Leo Delibes, in der Spielzeit 1977/78 den Weg zum Grazer Publikum.
Weil Jubiläen originellere Naturen immer wieder dazu verleiten, sich vom allgemeinen Jubilieren etwas zur Seite abzusetzen, brachte Intendant

Nemeth zum 100. Todestag von Richard Wagner 1983 keinen *Parsifal* oder *Lohengrin* oder was ihm seine Kritiker noch alles als Spielplanmangel vorgehalten haben, sondern er brachte einen jungen Wagner, *Das Liebesverbot*, das der Bayreuther Meister selbst mit der ihm eigenen markigen Sprache unter die „Jugendsünden" eingestuft hat. Diese österreichische Erstaufführung eines 1836 aus der Taufe gehobenen Werkes wurde unter der musikalischen Leitung von Nikša Bareza, in der Inszenierung von Christian Pöppelreiter und im Bühnenbild von Jörg Koßdorff (also eine Vorwegnahme des späteren *Ring*-Teams) zu einem vielbeachteten, auch vom ORF-Fernsehen aufgezeichneten Ereignis. Karl Goldmarks Oper *Die Königin von Saba* (1984/85) und Arrigo Boitos *Mefistofele* (1987/88) waren weitere Fundstücke aus Nemeths Sammlung der Seltenheiten, und mit einem letzten Fundstück schließt er seine 18jährige Intendantentätigkeit in Graz auch ab: mit einem heiteren Ausflug des großen Hector Berlioz, *Beatrice und Benedict*.

5. Die Mitte

Ortsunkundige Leser könnten nach dem bisher Referierten meinen, Carl Nemeth sei am Anfang seiner Grazer Karriere irrtümlich als „Mann der Mitte" gefeiert worden, er habe seinem Publikum die großen Opern von Mozart, Verdi, Wagner, Strauss, die beliebten von Lortzing, Rossini oder Puccini vorenthalten, aber das hieße, die Grazer für eine sehr duldsame Rasse anzusehen. Kein Operndirektor der Welt wird sich 18 Jahre lang auf seinem Sessel halten, wenn er seinem Publikum nicht dessen Lieblingsstücke fein serviert, und es gab sie fast alle in dieser langen Zeit, von der *Carmen* bis zur *Zauberflöte*, von der *Aida* bis zur *Walküre*. Doch sie geben einem Spielplan noch nicht zwingend

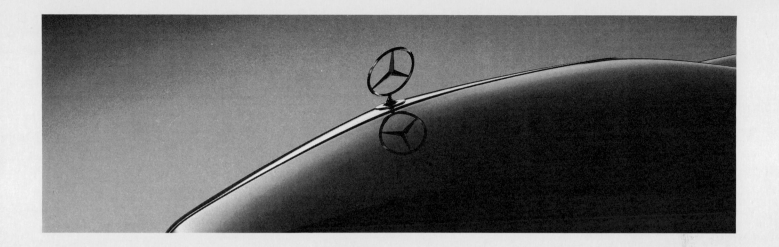

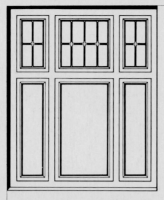

M. P. Mussorgsky, Boris Godunow (1986).

Melanie Sonnenberg und David McShane.

Wolfgang Müller-Lorenz und Konstantin Sfiris.

Richard Wagner,
Siegfried (1988).
Inszenierung:
Christian Pöppelreiter.
Bühnenbild:
Jörg Koßdorff.
Kostüme:
Hanna Wartenegg.

Brigitte Miklauc
und Wolfgang Müller-Lorenz.

Wolfgang Müller-Lorenz
und Michael Burt.

Wolfgang Müller-Lorenz
in der Titelpartie.

Wolfgang Müller-Lorenz
und Ernst-Dieter Suttheimer.

Bild links:
P. I. Tschaikowsky,
Dornröschen (1986).
Andras Kurta,
Christian Vancea,
Linda Papworth,
Nicolae Chiritescu,
Kevin Lewin.

Otto M. Zykan,
Der Zurückgebliebenen
Auszählreim (1986).
Ernst-Dieter Suttheimer,
Otto M. Zykan, Hans
Holzmann.

P. I. Tschaikowsky, Schwanensee (1983). Linda Papworth und Nicolae Chiritescu.

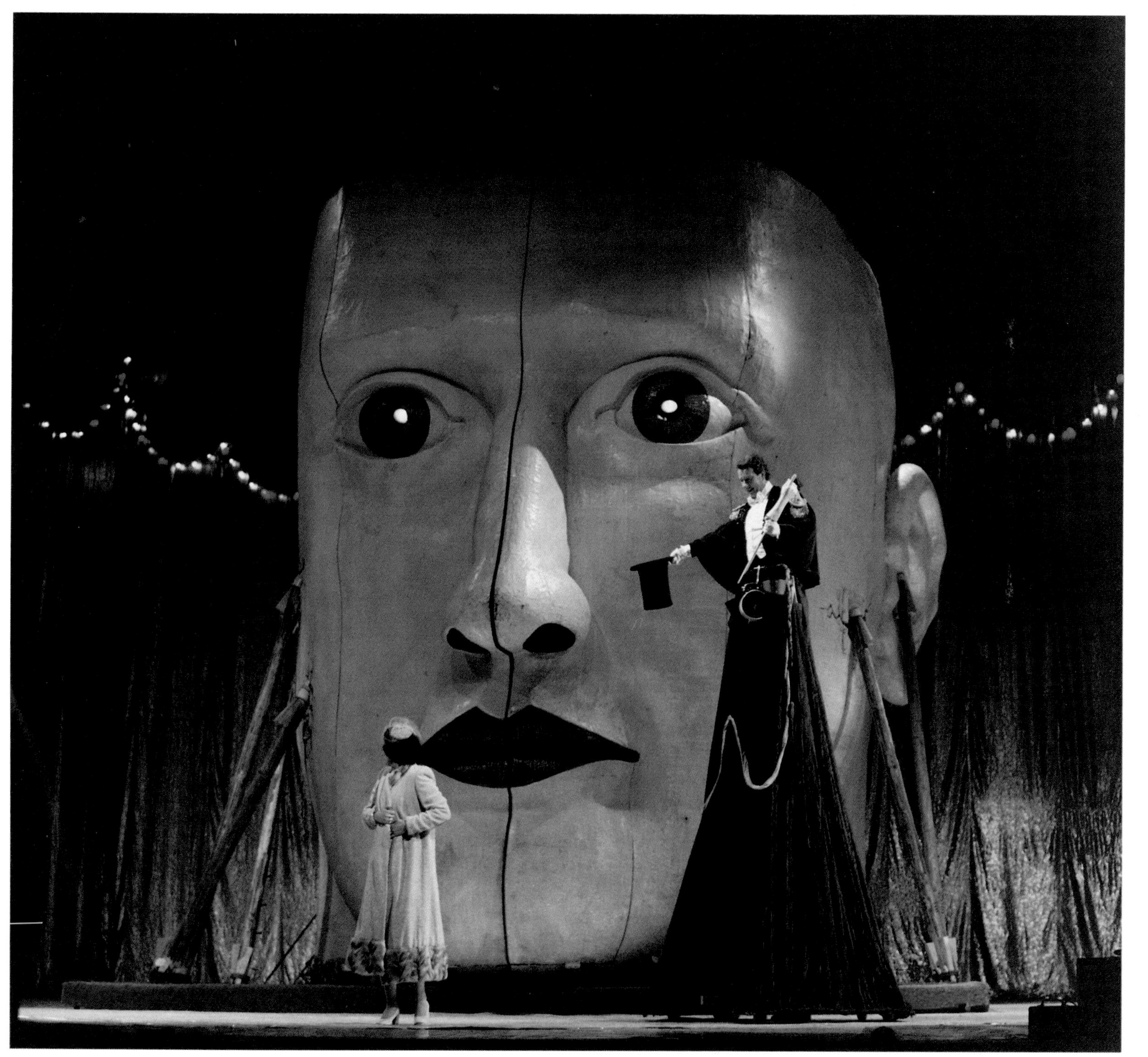

Ivan Eröd/Peter Daniel Wolfkind, Orpheus ex machina (1978). Nelly Ailakowa und Richard Best.

Wozzeck, Tambourmajor.
Figurine von Wilfried Werz.

Dornröschen, Fee Carabosse.

Der Barbier von Sevilla, Marzellina.

Figurinen von Hanna Wartenegg.

Ariadne auf Naxos, Najade.

Das Rheingold, Loge.

Figurinen von Hanna Wartenegg.

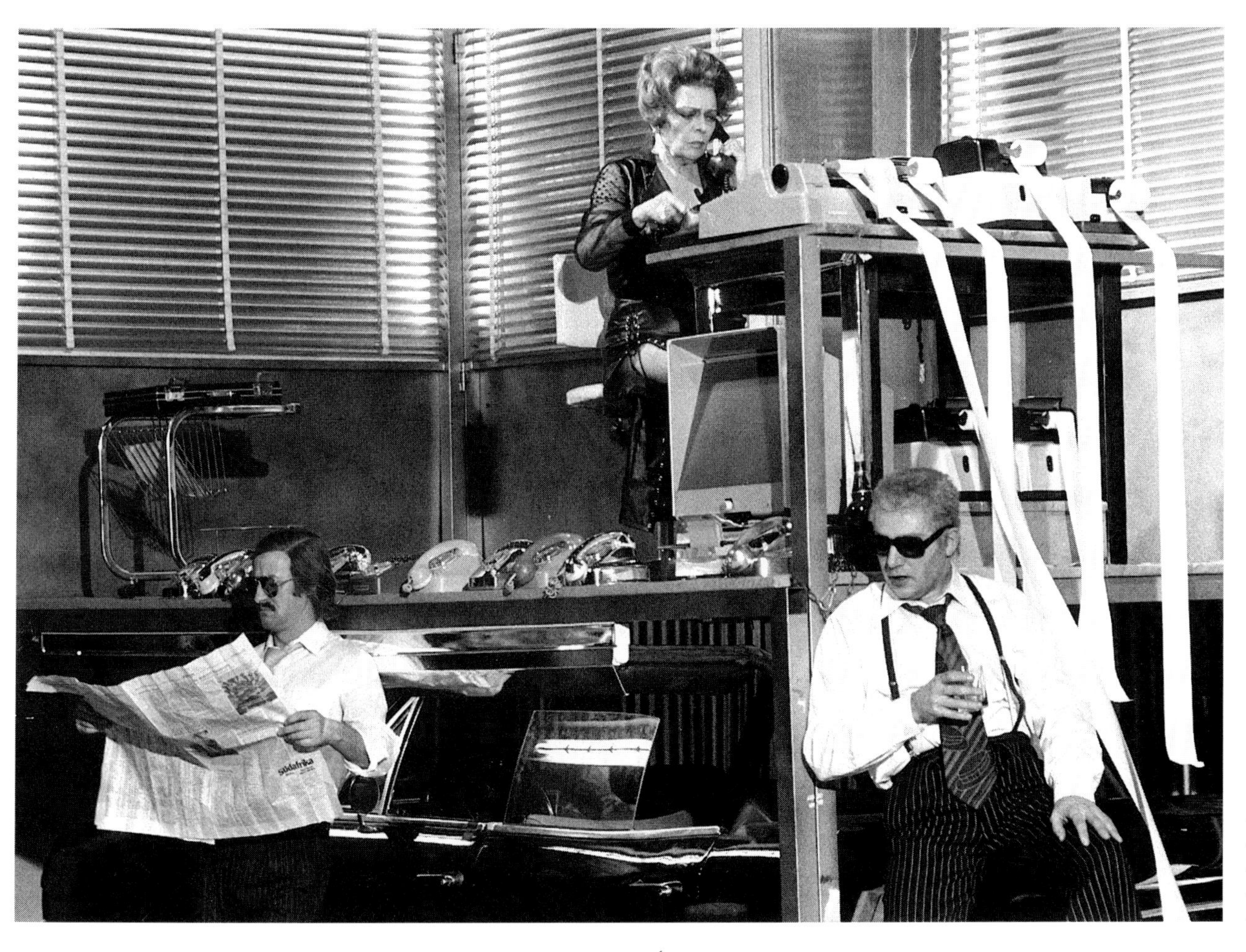

*Bild Seite 60:
P. I. Tschaikowsky,
Schwanensee (1983).
Diana Ungureanu und
Emilian Tarta.*

*Bertold Brecht/Kurt Weill,
Aufstieg und Fall der Stadt
Mahagonny (1983).
Martha Mödl, Ernst-Dieter
Suttheimer, Ludovic Konya.*

charakteristische Züge, sie bilden das Fleisch, über das die Haut der Besonderheiten sich spannen kann. Besonderes gab es freilich unter Nemeths Intendanz auch gelegentlich im allgemeinen. Etwa eine doppelte *Hochzeit des Figaro* gleich in der ersten Spielzeit 1972/73, eine Produktion, die in zwei verschiedenen Besetzungen abwechselnd in italienischer Originalsprache und in deutscher Übersetzung gesungen wurde. Nur noch deutsch kam der *Figaro* 1985/86 nochmals in derselben Ära heraus: in einer Inszenierung von Klaus Dieter Kirst. Zweimal in der Ära Nemeth wurde auch die „Oper aller Opern", Mozarts *Don Giovanni,* in Szene gesetzt, einmal zur Feier des 75jährigen Bestehens des Hauses durch Harry Kupfer (Spielzeit 1974/75), einmal durch Axel Corti (Spielzeit 1986/87).

Die erste der fünf Richard-Strauss-Produktionen, die unter Carl Nemeth in der Grazer Oper herausgekommen sind, war auch die Gelegenheit für Harry Kupfer zur ersten Regiearbeit im Westen, und sein Debüt wurde zwiespältig beurteilt.

Krampuskränzchen in Mykenae titelte Peter Vujica in der „Kleinen Zeitung", um vom Beginn der Kupferschen *Elektra*-Serie, den man freilich erst im nachhinein als solchen sehen kann, insgesamt enttäuscht zu sein. Gerhard Brunner

Zeichnung: Oskar Czerwenka.

dagegen fand für den „Kurier" in Kupfers Arbeit eine Inszenierung, *die sicher zum Besten gehört, was in Graz seit langem zu sehen gewesen ist … Großer, einhelliger Jubel.* Auch zur 200-Jahr-Feier des Grazer Schauspielhauses kam eine Strauss-Produktion heraus, diesmal eben im Schauspielhaus: *Ariadne auf Naxos* in der Erstfassung, gespielt nach Molière/Hofmannsthals Schauspiel *Der Bürger als Edelmann.*

Er habe seinen Richard Wagner grob vernachlässigt, wurde Nemeth von seinen Kritikern oft vorgehalten, und es sind in der Tat nicht mehr als zwei eigene Produktionen des großen Wagner-Repertoires (abgesehen also vom *Liebesverbot*), die der Intendant bis zur Spielzeit 1987/88 herausbringen hat lassen. Dann aber krönte er seine Arbeit mit Wagner mit einer international beachteten Inszenierung der Tetralogie *Der Ring des Nibelungen,* die in Koproduktion mit dem Salzburger Landestheater auf drei Spielzeiten verteilt herauskam und im November 1989 erstmals in Serie aufgeführt werden konnte. Der musikalische Leiter des großen Unternehmens war Nikša Bareza, die Bühne baute Jörg Koßdorff, die Kostüme hat Hanna Wartenegg gestaltet, und für die Inszenierung war Christian Pöppelreiter gewonnen worden, der sich auch in diesem Fall die Assistenz seines Dramaturgen Hans-Jochen Irmer sicherte. Kein Opernereignis der letzten Nemethschen Jahre als Intendant teilte das Publikum so streng in begeisterte Zustimmer und verbitterte Ablehner, aber die zweite Front war nicht nur zahlenmäßig weit unterlegen, ihre Argumente waren auch überwiegend schlichterer Natur. Eine Fernsehaufzeichnung dieser Grazer *Ring*-Produktion läßt die Ära Nemeth in einer organisatorischen Großleistung, einer doppelten *Ring*-Aufführung ausklingen.

6. Musikalische Unterhaltung

Nicht, daß eine solche Kapitelüberschrift unterstellen will, Oper diene nicht auch der Unterhaltung: aber nicht alles, was in der Oper unterhält, ist bekanntlich Oper. Auch wenn Carl Nemeth expressis verbis nie eine ausgeprägte Vorliebe für die leichtere Muse verkündet hat, die Titel des einem heutigen Publikum angemessenen Repertoires an Operetten finden sich in seinem Spielplan ziemlich vollzählig versammelt. Das ist für ein Haus, das sich als Dreispartentheater definiert, auch selbstverständlich. Weil in der Statistik, die weiter hinten in diesem Band über die Ära Nemeth präzis Auskunft gibt, der Beweis

dafür leicht nachvollziehbar ist, darf eine Aufzählung hier unterbleiben.
Auch sehr erfolgreiche Musical-Produktionen sind in den 18 Nemeth-Jahren über die Grazer Opernbretter gegangen – nur zwei seien herausgegriffen. Schon in seiner ersten Spielzeit brachte der neue Intendant Joseph Stein/Jerry Bocks weltberühmtes Musical *Anatevka* erstmals nach Graz, in prominenter Besetzung, die Eva Schäffer in der „Neuen Zeit" zu einer für sie ungewöhnlich poetischen Hymne anregte: *Gesegnet sei jene „laue Sommernacht", in der Intendant Nemeth den genialen Einfall hatte, die Rolle des Milchmanns Tevje Kammersänger Oskar Czerwenka anzubieten.* Die Spielzeit 1974/75 brachte dann Leonard Bernsteins Welterfolg *West Side Story,* von Marcel Prawy ins Deutsche übersetzt und wie ein eigenes Kind gehütet. Doch weil er gemeinsam mit Nemeth seine Fassung des Musicals bereits an der Wiener Volksoper herausgebracht hatte, gab es einen Vertrauensvorschuß: *„In Deutschland bin ich bei jeder Produktion dabei, das ist aber in Graz nicht nötig",* soll sich Prawy der „Kleinen Zeitung" zufolge geäußert haben. *Ein Elementarereignis* oder *Ein großer Abend* – so titelten denn nach der bejubelten Premiere die heimischen Kritiker.
Und bei zumindest zwei weiteren Begegnungen mit der leichten Muse stand Nemeths früherer Volksopernkollege Marcel Prawy, nunmehr der „Opernführer der Nation", im Zentrum des Geschehens: Prawy gestaltete in der Spielzeit 1975/76 für die Grazer Oper eine *Strauß-Soirée,* eine Multimediashow, die fünfmal angesetzt war, und in der Stars wie Lucia Popp und Peter Minich gemeinsam mit dem Grazer Philharmonischen Orchester unter Walter Goldschmidt dem Walzerkönig zu seinem 150. Geburtstag live ein Ständchen brachten. Eine zweite musikalische Multimediashow von und mit Marcel Prawy, *Robert Stolz und sein Jahrhundert,* kam aus Anlaß der 850-Jahr-Feier der Stadt Graz in der Spielzeit 1977/78 heraus: mit einem Großaufgebot an Menschen und Material steuerte diese Show einem kalkulierten, nichtsdestoweniger gewaltigen Publikumserfolg zu.

Gaetano Donizetti, Viva la Mamma (1984). Oskar Czerwenka als Agata.

7. Ballett

Nur schade, daß beim vermuteten weiteren Erfolgstanz der Grazer Operette das Ballett infolge einfallsloser Choreographie weit abgeschlagen nachtrippeln wird – so notierte Karl Hans Haysen in einer zufällig herausgegriffenen Kritik über die Stolz-Operette *Frühjahrsparade,* die

Benjamin Britten, Wir machen eine Oper (1984).

1973, in Nemeths erster Grazer Spielzeit, herauskam: Ein vernachlässigter Zweig war das Ballett am Anfang der Ära Nemeth, und die Karikatur sah den Intendanten schon selbst Spitzenschuhe anlegen müssen, wenn er nicht eine andere Lösung des Ballettproblems gleich in Angriff nehme. Der nachmalige Höhenflug der Grazer Ballerinen und Ballerinos mag den schweren Beginn längst der Erinnerung entzogen haben, doch dieser Höhenflug hat unten angefangen. *Publikum und Theater verhielten sich in den letzten Jahren dem Ballett gegenüber gleich interesselos. Intendant Nemeth versprach dieses Gleichgewicht seinerseits zu stören. Und hat es auch, wie sich nach dem ersten Ballettabend seiner Ära erfreut feststellen läßt* – so begann Peter Vujicas „Kleine Zeitung"-Besprechung von Nemeths Reformbeginn, als welcher ein eigener Abend fürs Ballett ja durchaus schon gelten konnte. *Entree/4 + 4/Jazz-Workshop* hieß dieses Programm in der Spielzeit 1972/73. Man tanzte im Schauspielhaus, Musik aus dem Trichter. Ein zweiter Ballettabend unter denselben Bedingungen, betitelt *Jazztime*, wurde in der Spielzeit 1974/75 angesetzt, um – so wieder Vujica – *das im jahrelangen „Dornröschen"-Schlaf dahindösende Ballett ... nicht wieder einschlafen zu lassen.*

Mit einer Ballettproduktion ins Opernhaus übersiedelt ist die Truppe zwar noch in derselben Spielzeit 1974/75, auf dem Programm stand Prokofjews *Cinderella*, die künstlerische Leitung hatte der international tätige Choreograph Waclaw Orlikowsky übernommen, aber der Anteil der Zagreber Tänzer an dieser Koproduktion mit dem Kroatischen Nationaltheater war so hoch, daß die Kritik eher von einem Gastspiel sprechen wollte als von einer Zusammenarbeit. Immerhin, die Grazer Solotänzerin Linda Papworth erregte auch in der routinierten kroatischen Truppe Aufsehen, das ganze Unternehmen fand viel Anklang, und Orlikowsky agierte in Graz bald nicht mehr als Gastchoreograph, sondern als Ballettchef.

Als solcher begann er seine Arbeit mit *Giselle* von Adolphe Adam. *Ein Ballettmeister, der heute „Giselle" ansetzt, will Standard demonstrieren, will zeigen, was seine Truppe kann ... Wir haben mit dieser Premiere erfahren, daß es in Graz derzeit eine Primaballerina gibt ... Auch ist zu sagen, daß das Publikum hier der klassischen Ballettkunst weitgehend entwöhnt war, daß es in der letzten Zeit unvergleichlich mehr modernes Ballett zu sehen bekommen hat, was kein Fehler ist, wie der Erfolg des New Dance Festivals gezeigt hat. Nur: Einseitigkeit ist auch nicht gut, und hier und da hat man auch Anspruch auf Überprüfung alter und neuer Positionen.* So hat Manfred Blumauer in der Grazer „Tagespost" den Anbruch der neuen Ära im Grazer Ballett begrüßt, und die klassische Ballettkunst, ergänzt durch Waclaw Orlikowskys Zauberkunst, mit seiner vergleichsweise kleinen Truppe in den folgenden Jahren alle großen klassischen Ballette auf die Beine stellen zu können, wurde von nun an ein Kennzeichen für den Ballettstil der

Eine mögliche Vision über die Zukunft des Grazer Balletts: Der Intendant selbst bietet eine Solo-Einlage in einer Operette

Zeichnung: Gottfried Pils

Jacques Offenbach, Salon Pitzelberger (1984).

Ära Nemeth, von dem sich die Grazer, derart mehr und mehr Ballettomanen geworden, nur mehr ungern trennen werden wollen.

Ohne ins Aufzählen der großen Grazer Orlikowsky-Produktionen zu verfallen, will noch ein Aufenthalt vor dem Ziel gemacht sein: In der Spielzeit 1982/83 brachte Orlikowskys Truppe Peter Iljitsch Tschaikowskys *Schwanensee* heraus, also schlicht den Inbegriff des klassischen Balletts. *Die Premiere … erschien zunächst wohl manchem als ein größenwahnsinniger Griff zu den Sternen des klassischen Tanzhimmels – doch dann wurde man angenehm enttäuscht: … dort zeigte das Grazer Ensemble eine Perfektion, die man kaum erwartet hätte,* staunte Johannes Frankfurter in der „Neuen Zeit", und die „Kleine Zeitung" betitelte ihren Bericht: *Geburtsstunde einer Ballett-Sensation.* Das wurde der *Schwanensee* auch von den Besucherzahlen her: Bis zum Frühjahr 1990 verzeichnete die Statistik 62 Vorstellungen, allein in Graz.

Ungebrochen heftig hielt bis dahin auch der Zustrom zu Orlikowskys unfreiwilliger Abschiedsproduktion an, zum *Spartakus* von Aram Chatschaturjan, an den sich bis dahin keine westliche Compagnie herangewagt hatte. Die Premiere am Ende der Spielzeit 1988/89 stellte, so Ernst Naredi-Rainer in der „Kleinen Zeitung", *einerseits deren dabei extrem geforderten kleinen Tänzertruppe insgesamt ein glänzendes Zeugnis aus und mündete andererseits in einen sehr persönlichen Triumph für den scheidenden Ballettdirektor, der sich … angesichts der ihm auf offener Bühne überreichten Blumenberge mit einem Victory-Zeichen von seinem treuen Grazer Publikum verabschiedete.* Und Karlheinz Roschitz schließt seinen Bericht in der „Kronenzeitung": *Orlikowskys Nachfolger wird es schwer haben, diesem „Ballett des Jahres" Neues entgegenzustellen.*

Jacques Offenbach, Die beiden Blinden (1984). Ernst Prassel, Ernst-Dieter Suttheimer, Helfried Edlinger.

8. LICENZA

Irgendwo zwischen drei- und viertausend muß die Zahl der Vorstellungen liegen, die Carl Nemeth als Chef der Grazer Oper verantwortet hat. Kühn ist schon der Versuch, einen solchen Umfang schreibend in den Griff zu bekommen, kühner noch wäre angesichts dieser Zahl der Glaube, nichts unterschlagen zu haben. (Gegen alle Ordnung, aber weil es später nicht geht, erlaube man mir, hier doch noch Nemeths kleine Ambition für die Kleinen anzuführen, das Musiktheater für Kinder, das zuletzt mit *Hänsel und Gretel* am Spielplan vertreten war.) Es sollte jedoch klar sein, daß es hier um die Ideen des Spielplans ging und nicht um dessen tägliche Realität, daß also die hier vorgenommene Gewichtung (die mit einer von Nemeth selbst formulierten wohl weitgehend übereinstimmen dürfte) eine andere ist und sein darf als die, die vom täglichen Betrieb geschrieben worden wäre; weiters, daß gewiß auch ganz andere Versuche, die Fülle in eine Ordnung zu bringen, sinnvoll unternommen werden hätten können; schließlich, daß hier nur von den Eigenproduktionen des Hauses die Rede war und nicht von den vielen Gastspielen, den hereingekommenen wie den hinausgegangenen. Aber wie immer man es einschränkt oder ausdehnt, am Ende muß man auf den Punkt bringen, was diese 18 Jahre Grazer Operngeschehen, ein Fünftel der gesamten Geschichte des Hauses, nun denn gewesen seien, und der Punkt, der gemeinsame Nenner, ist aus der Vielfalt enger nicht zu ziehen als so: Sie waren „Die Ära Nemeth“.

Carl Nemeth

Ein nachgesetztes Vorwort

Weder Episoden aus der reichen, wechselvollen Geschichte der Vereinigten Bühnen der vergangenen 18 Jahre noch fulminante oder negative Einzelereignisse werden hier angemerkt. Umfaßt doch die Periode meiner Intendanz in Dauer rund ein Fünftel der Zeit seit der Eröffnung des Hauses 1899. Diese Jahre wurden in meinem erinnerlichen Bewußtseinsablauf ein Spektakulum meiner Lebensgeschichte.

Als ich die ehrenvolle Berufung an die Vereinigten Bühnen Stadt Graz – Land Steiermark erhielt, vollzog sich in mir als Ansporn und in Verantwortung die vordringliche Notwendigkeit einer Konzeption von Programmrichtlinien im Rahmen eines Spielplanrasters.

Graz hat dem Musikleben Österreichs unzählige Impulse gegeben. Es drängte sich mehr und mehr als Anliegen auf, daß es mir gelingen mußte, der imponierenden Vergangenheit der Grazer Oper einen ebenso bemerkenswerten Abschnitt in der Gegenwart anzuschließen. Tradition und Mission der Grazer Theater, im speziellen der Grazer Oper, und beobachtende Kenntnis der damaligen europäischen Opernszene führten zu konkreten Überlegungen nach notwendigen Neuerungen.

Gelingen sollte der Aufbruch aus der Routine, aus dem beiläufigen Allerweltsgeschmack, mit Mut zur Wiederentdeckung und Erweckung zu unrecht vergessener Schätze der Opernliteratur, zeitgenössisches Musiktheater ebenso wie die Lieblingsopern des Publikums aus der ästhetischen Sicht unserer Tage aufzubereiten.

Programmrichtlinien in ein Dutzend als Spielplan, für die ersten fünf Jahre ab 1972 gebündelt, sollten aber nicht lediglich auf das Unbekannte,

Michael und Carl Nemeth während der Hauptprobe zu Arabella.

Claudio Monteverdi, L'Orfeo (1984, Landhaushof).

dem Grazer Publikum nicht Vertraute, aufbauen. Zumal der schon historische Idealzustand des Ensembletheaters aus vielen Gründen nicht mehr machbar war und heute noch weniger möglich ist, habe ich mich schon von jeher zur Mischform Ensemble – und auf Teilzeit- oder Abendanzahl verpflichtete Künstler bekannt.

Es wurde dieses System – oftmals als „Selbstzweck" kritisiert – zu einem Teil des Arbeitsprogramms, gleich dem Aufbau eines hauseigenen Sängerkaders. Viele ausgezeichnete Künstler, die länger an Graz gebunden waren, konnten, wie immer wieder in diesem Beruf üblich, nicht langfristig in Graz gehalten werden. Findet man

später Namen von Sängern, Dirigenten oder Regisseuren auf den Besetzungszetteln der großen Opernhäuser in Europa und Übersee, so ist dies auch mit ein Verdienst der Personalpolitik dieser Intendanz gewesen.
Auch das später in Mode gekommene „Blocksystem" hat schon ab dem Beginn meiner Ära in Graz Anwendung gefunden (u. a. Puritani, Gioconda, Perlenfischer und Sonnambula).
Die Oper in Graz hat im Rahmen ihrer finanziellen Mittel, die gelegentlich nicht ausreichten und kurzfristig fast zu nicht vertretbaren Qualitätseinbußen führen mußten, trotzdem ein reiches Arbeitsprogramm verwirklicht. Die vorgenommenen und vorgegebenen Programmrichtlinien wurden, wenn auch des öfteren mühsam, doch konsequent weiterentwickelt. In Planung und Realisierung gelang immerhin eine gefächerte Vielfalt eines Spielplans in Oper, Operette, Musical und überregional erfolgreichen Ballettproduktionen.
Dafür ein Dankeschön an alle meine Mitarbeiter, dem künstlerischen Personal, dem Chor, dem Ballett, dem Grazer Philharmonischen Orchester, dem technischen Personal, all denen, die jahrelang auch in schwierigen Momenten Bereitschaft zeigten, meinen Stil für dieses Haus zu verstehen und mitzugestalten.
Dieser Schlußbericht darf nicht unerwähnt lassen, daß neben der Bewältigung eines reichen

Richard Strauss, Arabella (1985). Norman Phillips und Felicitas Morawitz.

J. J. Fux, Angelica vincitrice di Alcina (1985), anläßlich der Wiedereröffnung des renovierten Opernhauses.

Pensums leider auch manches Vorhaben nicht zur Durchführung und zum Ende gebracht werden konnte.
Ohne den Wandel der politischen Veränderungen von heute nur zu erahnen, konnte ich bereits bald nach Beginn meiner Ära erfolgreiche Kontakte mit Künstlern aus der DDR für Graz initiieren. Erstmalig in Österreich, erstmals in Graz und erstmals im Westen überhaupt, hat damals ein Regisseur, ein unbekannter Harry Kupfer, nicht ganz ohne Ablehnung und Widerstand, im hiesigen, politischen Umfeld einen für das Musiktheater neuen Regiestil besorgt.
Und hätte der Intendant nicht in gleichem Maße der künstlerischen Potenz eines Christian Pöppelreiter, 1979/80 aus der DDR halbwegs ausgebürgert, vertraut, gäbe es in Graz bis heute nicht diesen überregional diskutierten „Ring des Nibelungen". Ein Leistungsnachweis der Grazer Oper mit Gütesiegel.
Diesem nachgesetzten Vorwort, quasi als Einleitung zum bibliographischen Appendix, ist die Chronologie von 165 Premierenabenden als Dokumentation von 18 Jahren Theatergeschichte der Oper in Graz angebunden.

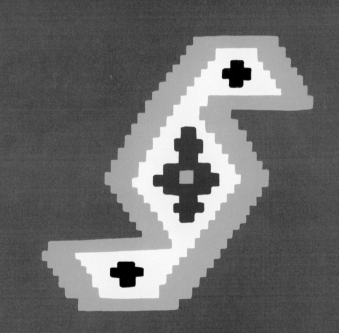

Dokumentation

Musiktheater – Premieren 1972 bis 1990

APRIL – JUNI 1972

29. April 1972
Oscar Straus: Ein Walzertraum
Musikalische Leitung: Walter Goldschmidt; Inszenierung: Willy Popp; Ausstattung: Hanna Wartenegg; Choreinstudierung: Ernst Rosenberger; Choreographie: Leonard Salaz
Joachim III., Fürst von Flausenthurn: Josef Kepplinger; Prinzessin Helene, seine Tochter: Sigrid Martikke; Graf Lothar, Vetter des Fürsten: Willy Popp; Leutnant Niki, Graf Hohenstein: Wolfgang Siesz; Leutnant Montschi: Helmut Wallner; Friederike von Insterburg, Oberkammerfrau: Olga Voll; Ferdinand Weigl, Restaurateur: Walter Gaster; Franzi Steingruber: Else Kalista; Die Tschinellen-Fifi: Hedy Fassler a. G.; Sigismund, Haushofmeister: Horst Zander; Wendolin, Leiblakai des Fürsten: Hanns Heger; Annerl, Baßgeigerin: Ruth Reichenebner

4. Juni 1972 (Erstaufführung)
Wolfgang Amadeus Mozart: Titus
(La Clemenza di Tito)
Musikalische Leitung: Ernst Märzendorfer; Inszenierung: Hans Hartleb; Ausstattung: Ekkehard Grübler; Choreinstudierung: Ernst Rosenberger
Titus, römischer Kaiser: Sigurd Björnsson; Vitellia, Tochter des Kaisers Vitellius: Margarita Kyriaki; Sextus, Freund des Titus: Sigrid Kehl; Servilia, seine Schwester: Gabriele Fuchs; Annius, Verlobter Servilias: Silja Mellanen; Publius, Präfekt: Jaroslav Stajnc

Abstecher, 10. Juni 1972
Robert Stolz: Kleiner Schwindel in Paris
Musikalische Leitung und Einrichtung: Walter Goldschmidt; Inszenierung: Horst Zander; Bühne: Robert Ernst Jahren; Kostüme: Hanna Wartenegg
Mr. Parker: Curt Eilers; Charly: Wilfried Steiner; Jeanette: Beate Granzow; Mr. Plum: Josef Kepplinger; Contessa Valerie: Else Kalista; Marekatzi: Willi Popp; Gustave: Walter Gaster; Reporter, Zimmerkellner, Garçon: Horst Zander; Engländerin: Gertrud Liberda; Michelin: Erik Göller; Malerin Tilly: Edith Gruber

Schauspielhaus, 18. Juni 1972
Tanz- und Ballettstudio der Vereinigten Bühnen
Kinderballett
Wolfgang Amadeus Mozart: Les petits riens
Gaetano Donizetti: Die Prinzessin auf der Erbse
Inszenierung: Leonard Salaz; Bühne: Robert Ernst Jahren; Kostüme: Robert Ernst Jahren/Lotte Pieczka/Leonard Salaz; Musikalische Leitung: Jeny Komar

SPIELZEIT 1972/73

6. Oktober 1972 (Grazer Erstaufführung, in italienischer Sprache)
Vincenzo Bellini: I Puritani
Musikalische Leitung: Argeo Quadri; Inszenierung: André Diehl; Bühnenbild: Wolfram Skalicki; Kostüme: Ronny Reiter; Choreinstudierung: Ernst Rosenberger
Lord Valton, Generalgouverneur, Puritaner: Jaroslav Stajnc; Sir Giorgio, sein Bruder: Thomas O'Leary; Lord Arturo Talbot, Parteigänger der Stuarts: Vittorio Terranova; Sir Riccardo Forth, Hauptmann, Puritaner: Ferdinand Radovan; Sir Bruno Robertson, Puritaner: Erich Seitter; Enrichetta di Francia, Witwe König Karls I.: Linda Trotter; Elvira, Tochter Lord Valtons: Milena Dal Piva; Ein Bote des Parlaments: Nikolaus Hufnagl

8. Oktober 1972
Leo Fall: Die Rose von Stambul
Musikalische Leitung: Walter Goldschmidt; Inszenierung: Willy Popp; Bühne: Robert Ernst Jahren; Kostüme: Hanna Wartenegg; Choreinstudierung: Ernst Rosenberger; Einstudierung der Tänze: Eva Bernhofer
Kemal: Josef Kepplinger; Kondja: Sigrid Martikke; Achmed: Wolfgang Siesz; Midili: Beate Granzow; Fridolin: Helmut Wallner; Mustapha: Walter Gaster; Desirée: Erni Tögl; Müller: Willy Popp; Portier: Silvio Carli; Liftboy: Sepp Trummer; Oberpriester: Erich Seitter; Redakteur: Bruno Krebs; 1. Jazzsänger: Horst Zander; 2. Jazzsänger: Hanns Heger; 3. Jazzsänger: Klaus Hufnagl; Märchenerzähler: Horst Zander; Bül-Bül: Claudia Leski; Djamileh: Helga Reichel; 1. Sekretärin: Heide Stahl; 2. Sekretärin: Uschi Pater; Diener bei Kemal: Herbert Renn; Ein Händler: Karlheinz Drobesch

17. November 1972 (Neueinstudierung)
Richard Wagner: Das Rheingold
Musikalische Leitung: Berislav Klobučar; Inszenierung: André Diehl; Bühne: Wolfram Skalicki; Kostüme: Ronny Reiter
Wotan: Walter Kreppel; Donner: Conrad Immel; Froh: Sigurd Björnsson; Loge: Richard Ames; Alberich: Gottfried Hornik; Mime: Erich Klaus; Fasold: Jaroslav Stajnc; Fafner: Helmut Berger-Tuna; Fricka: Gertraud Eckert; Freia: Linda Trotter; Erda: Erika Schubert; Woglinde: Waltraud Schwind; Wellgunde: Linda Heimall; Floßhilde: Erika Schubert

25. Dezember 1972
Georges Bizet: Carmen
Musikalische Leitung: Miltiades Caridis; Inszenierung: Paul Hager; Bühne: Wolfram Skalicki; Kostüme: Ronny Reiter; Choreinstudierung: Ernst Rosenberger; Choreographie: Leonard Salaz
Zuniga, Leutnant: Helmut Berger-Tuna; Moralès, Sergeant: Gottfried Hornik; Don José, Sergeant: José Maria Perez; Escamillo, Stierfechter: Ferdinand Radovan; Dancairo, Schmuggler: Erich Klaus; Remendado, Schmuggler: Erich Seitter; Carmen: Gertraud Eckert; Frasquita, Zigeunerin: Patricia Barham; Mercedes, Zigeunerin: Erni Tögl; Micaela, Bauernmädchen: Norma Newton

Richard Strauss, Arabella (1985).

28. Jänner 1973 Premiere I (in deutscher Sprache)
Wolfgang Amadeus Mozart: Die Hochzeit des Figaro
Musikalische Leitung: Ernst Märzendorfer; Inszenierung: Wolfgang Weber; Ausstattung: Peter Heyduck; Choreinstudierung: Ernst Rosenberger
Graf Almaviva: Conrad Immel; Die Gräfin: Margarita Kyriaki; Susanna, deren Kammermädchen: Norma Newton; Cherubino, Page des Grafen: Linda Heimall; Figaro, Kammerdiener des Grafen: Gottfried Hornik; Marcellina, Beschließerin im Schloß: Linda Trotter; Bartolo, Arzt aus Sevilla: Helmut Berger-Tuna; Basilio, Musikmeister der Gräfin: Richard Ames; Don Curzio, Richter: Erich Seitter; Antonio, Gärtner des Grafen: Hanns Heger; Barbarina, seine Tochter: Patricia Barham; 1. Bauernmädchen: Brigitte Rolz;
2. Bauernmädchen: Anna Portika

9. Februar 1973 Premiere II (in italienischer Sprache)
Wolfgang Amadeus Mozart: Le nozze di figaro
Leitung wie Premiere I
Graf Almaviva: Ferdinand Radovan; Die Gräfin: Sigrid Martikke; Susanna, deren Kammermädchen: Dorit Hanak; Cherubino, Page des Grafen: Edith Gruber; Figaro, Kammerdiener des Grafen: Herbert Lackner a. G.; Marcellina, Beschließerin im Schloß: Anna Portika; Bartolo, Arzt aus Sevilla: Rolf Polke; Don Curzio, Richter: Erich Klaus; Antonio, Gärtner des Grafen: Nikolaus Hufnagl; Barbarina, seine Tochter: Brigitte Rolz;
1. Bauernmädchen: Maria Bürger; 2. Bauernmädchen: Elisabeth Kales

24. Februar 1973 (Erstaufführung)
Anatevka (Fiddler on the Roof)
Musical nach Scholem Alejchems Erzählung „Tevje, der Milchmann", Buch von Joseph Stein, Musik von Jerry Bock, Liedertexte von Sheldon Harnick, deutsche Übersetzung von Rolf Merz (Inszenierung und Choreographie nach der Originalproduktion in New York von Jerome Robbins bzw. der Wiener Aufführung von Rolf Kutschera)
Musikalische Leitung: Walter Goldschmidt; Inszenierung: Franz Strohmer; Bühne nach Boris Aronson: Gerhard Hruby; Kostüme: Edith Matisek; Einstudierung der Choreographie: Henry Volejnicek; Choreinstudierung: Ernst Rosenberger
Tevje, der Milchmann: Oskar Czerwenka; Golde, seine Frau: Lya Dulizkaya; Zeitel, Hodel, Chava, Sprintze, Bielke – seine Töchter: Verena Stemberger, Patricia Barham, Elisabeth Kales, Susanne Innemanova, Heidi Walter; Jente, die Heiratsvermittlerin: Grita Kral; Fruma-Sarah, verstorbene Frau des Lazar Wolf: Marianne Kopatz; Oma Zeitel: Grita Kral; Schandel: Josefine Saidula; Mottel Kamzoil, der Schneider: Helmut Wallner; Perchik, ein Student: Gerhard Balluch; Lazar Wolf, der Fleischer: Rudolf Wasserlof; Mordechai, der Wirt: Silvio Carli; Der Rabbi: Willy Popp; Mendel, sein Sohn: Karlheinz Drobesch; Nachum, ein Bettler: Bruno Krebs; Awram, der Buchhändler: Josef Kepplinger; Wachtmeister: Walter Kohls; Fedja, ein Russe: Anfried Hanke; Sascha, ein russischer Sänger: Gottfried Hornik; Yossel, der Hutmacher: Herbert Renn; Rifka: Erika Roth; Mirela: Claudia Leski; Yoscha: Chris Priewalder; Der Fiedler: Lech Panowecz

16. März 1973 (Neueinstudierung)
Richard Wagner: Die Walküre
Musikalische Leitung: Berislav Klobucar; Inszenierung: André Diehl; Bühne: Wolfram Skalicki; Kostüme: Ronny Reiter
Siegmund: William Cochran; Hunding: Thomas O'Leary; Wotan: Walter Kreppel; Sieglinde: Linda Trotter; Brünnhilde: Roberta Knie; Fricka: Gertraud Eckert; Helmwige: Olga Voll; Gerhilde: Norma Newton; Ortlinde: Waltraud Schwind; Waltraute: Linda Heimall; Siegrune: Edith Gruber; Grimgerde: Erni Tögl; Schwertleite: Erika Schubert; Roßweiße: Anna Portika

21. April 1973 (Erstaufführung)
Robert Stolz: Frühjahrsparade
Musikalische Leitung: Walter Goldschmidt; Inszenierung: Wilfried Steiner; Bühne: Frieder Klein; Kostüme: Hanna Wartenegg; Choreinstudierung: Ernst Rosenberger; Choreographie: Eva Bernhofer
Marika: Elisabeth Kales; Willi Sedlmeier, Korporal: Helmut Wallner; Hansi Gruber, Sängerin: Sigrid Martikke; Gustl von Laudegg, Oberleutnant: Wolfgang Siesz; Therese Hübner, Bäckermeisterin: Else Kalista; Fritz, Bäckerlehrling: Brigitte Slezak; Hofrat Neuwirth: André Diehl; Swoboda, Friseur: Willy Popp; Von Laudegg, Obersthofkämmerer: Silvio Carli; Klothilde von Laudegg, seine Gattin: Olga Voll; Mittermeier, Feldwebel: Hanns Heger; Der Kaiser: Josef Kepplinger; Ketterl, Kammerdiener: Joe Liszt; Lehrerin: Elli Schneider; Erzherzogin: Claudia Leski; Herr Schmiedl: Hans Lexl; Lakai: Jakob Glashüttner; Wirt: Hans Lexl; 1. Geheimpolizist: Alexander Posch; 2. Geheimpolizist: Heribert Rupp; Losverkäufer: Christoph Priewalder

Schauspielhaus, 9. Mai 1973
Ballettabend
Darius Milhaud: Entrée
Choreographie: Eva Bernhofer; Bühne: László Varvasovszky; Kostüme: Ronny Reiter
Paula Bennett, Liliane Clemente, Erika Grum, Linda Papworth, Jeffrey McCormack, Erik Göller und das Ensemble
Gioacchino Rossini: Vier plus vier
Choreographie: Karl Musil
Michael Birkmayer, Gerhard Dirtl, Karl Musil, Ludwig M. Musil
Robert Prince/Hans Salomon: Jazz-Workshop
Choreographie: Gene Reed
Anna-Luise Schubert, Frank Riedel und das Ensemble

26. Mai 1973
Friedrich Smetana: Die verkaufte Braut
Musikalische Leitung: Franz Bauer-Theussl; Inszenierung: Horst Zander; Bühne: Wolfram Skalicki; Kostüme: Ronny Reiter; Choreinstudierung: Ernst Rosenberger; Kinderchor: Marcel de Marbaix; Choreographie: Eva Bernhofer
Kruschina, ein Bauer: Rolf Polke; Ludmilla, seine Frau: Erika Schubert; Marie, deren Tochter: Norma Newton; Micha, ein Grundbesitzer: Nikolaus Hufnagl; Hata, seine Frau: Edith Gruber; Wenzel, deren Sohn: Erich Seitter; Hans, Mischas Sohn aus erster Ehe: Horst Hoffmann; Kezal, Heiratsvermittler: Jaroslav Stajnc; Der Direktor einer Wandertruppe: Helmut Wallner; Esmeralda, Tänzerin: Beate Granzow; Muff, Komödiant: Hanns Heger

23. Juni 1973
Gioacchino Rossini: Die diebische Elster
Musikalische Leitung: Edgar Seipenbusch; Inszenierung: Hans Hartleb; Bühne: Frieder Klein; Kostüme: Hanna Wartenegg; Choreinstudierung: Ernst Rosenberger
Fabrizio Vingradito, Gutspächter: Rolf Polke; Lucia, seine Frau: Erika Schubert; Gianetto, Sohn der Vingraditos: Sigurd Björnsson; Ninetta, Haustochter im Haus Vingradito: Patricia Barham; Pippo, Neffe von Fabrizio Vingradito: Linda Heimall; Fernando Villabella, Vater Ninettas: Gottfried Hornik; Der Podestà des Dorfes: Helmut Berger-Tuna; Giorgio, sein Sekretär: Nikolaus Hufnagl; Antonio, Gefängnisaufseher: Erich Seitter; Isacco, Hausierer: Erich Klaus; Der Richter: Hanns Heger

Bild links:
Karl Goldmark, Die Königin von Saba (1985).
Eszter Póka in der Titelrolle.

Franz Lehár,
Der Zarewitsch (1985).
Felicitas Morawitz und Peter Karner.

G. Ph. Telemann, Pimpinone (1985).

SPIELZEIT 1973/74

29. September 1973 (in italienischer Sprache)
Amilcare Ponchielli: La Gioconda
Musikalische Leitung: Argeo Quadri; Inszenierung: Fritz Zecha; Ausstattung: Peter Heyduck; Choreinstudierung: Ernst Rosenberger; Choreographie: Waclaw Orlikowsky
La Gioconda, Sängerin: Adelina Romano; Laura Adorno: Mirna Pecile; Alvise Badoero, ihr Gemahl: Carlo de Bortoli; La Cieca, die blinde Mutter der Gioconda: Unni Rugtvedt; Enzo Grimaldo, Fürst von Genua: Barry Morell; Barnaba, ein Spitzel: Ferdinand Radovan; Zuàne, Bootsmann: Nikolaus Hufnagl; Ein Sänger: Michael Gutstein; Isepo, ein Schreiber: Jakob Glashüttner; Ein Bootsmann: Herbert Renn

30. September 1973
Ralph Benatzky: Im weißen Rößl
Musikalische Leitung: Walter Goldschmidt; Inszenierung: Willy Popp; Bühne: Frieder Klein; Kostüme: Hanna Wartenegg; Choreinstudierung: Ernst Rosenberger; Choreographie: Dia Luca
Josepha Vogelhuber, Wirtin im „Weißen Rößl": Else Kalista; Leopold Brandmeyer, Zahlkellner: Peter Minich; Der Piccolo: Elisabeth Kales; Wilhelm Giesecke, Fabrikant: Curt Eilers; Ottilie: Edith Gruber; Dr. Otto Siedler: Erwin V. Gross; Sigismund Sülzheimer: Helmut Wallner; Professor Hinzelmann: Joe Liszt; Klärchen, seine Tochter: Maria Bürger; Ein Hochzeitspaar: Patricia Barham, Michael Gutstein; Der Kaiser: Josef Kepplinger; Der Bürgermeister: Franz Schweighofer; Der Oberförster: Silvio Carli; Kathi, Briefträgerin: Olga Voll; Johann, Hausdiener: Karol Sekera; Lehrer: Alexander Posch; Fräulein Weghalter: Hildegard Waldegg; Zenzi: Elly Schneider; Reiseführer: Hanns Heger

20. Oktober 1973 (österreichische Erstaufführung – „steirischer herbst '73")
Ernst Křenek: Orpheus und Eurydike
Musikalische Leitung: Hector Urbon; Inszenierung: Hans Hartleb; Ausstattung: Ekkehard Grübler; Choreinstudierung: Ernst Rosenberger
Orpheus: Horst Hoffmann; Eurydike: Nelly Ailakowa; Psyche: Patricia Barham; Furie I: Olga Voll; Furie II: Edith Gruber; Furie III: Erika Schubert; Ein Trunkenbold: Helmut Berger-Tuna; Ein Krieger: Rolf Polke; Ein Matrose: Erich Seitter; Der Narr: Gottfried Hornik

24. November 1973
Richard Strauss: Elektra
Musikalische Leitung: Ernst Märzendorfer; Inszenierung: Harry Kupfer; Ausstattung: Wilfried Werz; Choreinstudierung: Ernst Rosenberger
Klytämnestra: Gertraud Eckert; Elektra und Chrysothemis, ihre Töchter: Ludmila Dvorakova, Elisabeth Schwarzenberg; Aegisth: Richard Ames; Orest: Jaroslav Stajnc; Der Pfleger des Orest: Helmut Berger-Tuna; Die Vertraute: Maria Bürger; Die Schleppenträgerin: Erni Tögl; Ein junger Diener: Erich Seitter; Ein alter Diener: Nikolaus Hufnagl; Die Aufseherin: Olga Voll; 1. Magd: Linda Heimall; 2. Magd: Anna Portika; 3. Magd: Edith Gruber; 4. Magd: Waltraud Schwind; 5. Magd: Norma Newton

23. Dezember 1973
Franz Lehár: Das Land des Lächelns
Musikalische Leitung: Franz Bauer-Theussl; Inszenierung: Horst Zander; Bühne: Karl Eugen Spurny; Kostüme: Hanna Wartenegg; Choreinstudierung: Ernst Rosenberger; Choreographie: Anna Vaughan
Graf Ferdinand Lichtenfels: André Diehl; Lisa, seine Tochter: Mirjana Irosch; Gustav Graf Pottenstein, Husarenoberleutnant: Helmut Wallner; Tassilo Graf Hardegg: Silvio Carli; Gräfin Hardegg: Ria Schubert; Diener bei Lichtenfels: Hanns Heger; Prinz Sou-Chong: José Maria Perez; Mi, seine Schwester: Beate Granzow; Tschang, sein Oheim: Josef Kepplinger; Ling, Oberpriester: Michael Gutstein; Fu-Li, Sekretär der chinesischen Botschaft: Horst Zander; Obereunuch: Hans Lexl

26. Jänner 1974 (in italienischer Sprache)
Giuseppe Verdi: Aida
Musikalische Leitung: Lamberto Gardelli; Inszenierung: Lars Runsten; Ausstattung: Annelies Corrodi; Choreinstudierung: Ernst Rosenberger; Choreographie: Waclaw Orlikowsky
Der König: Jaroslav Stajnc; Amneris, seine Tochter: Gertraud Eckert; Aida, äthiopische Sklavin: Luisa Marigliano; Radames, Feldherr: Barry Morell; Ramphis, Oberpriester: Thomas O'Leary; Amonasro, König von Äthiopien, Aidas Vater: Ferdinand Radovan; Ein Bote: Gottfried Hornik; Priesterin: Patricia Barham

24. Februar 1974
Johann Strauß: Der Zigeunerbaron
Musikalische Leitung: Walter Goldschmidt; Inszenierung: Kurt Pscherer; Bühne: Frieder Klein; Kostüme: Ronny Reiter; Choreinstudierung: Ernst Rosenberger; Choreographie: Joan Farcas
Peter Graf Homonay: Conrad Immel; Conte Carnero, königlicher

Johann Strauß,
La Tzigane (1985).
Piroska Varga
und Jozsef Kovacs.

W. A. Mozart, *Die Hochzeit des Figaro* (1985).

Kommissär: Josef Kepplinger; Sandor Barinkay: José Maria Perez; Kálmán Zsupán, ein reicher Schweinezüchter im Banat: Helmut Berger-Tuna; Arsena, seine Tochter: Patricia Barham; Mirabella, Erzieherin im Hause Zsupáns: Olga Voll; Ottokar, ihr Sohn: Helmut Wallner; Csipra, Zigeunerin: Gertraud Eckert; Saffi: Mirjana Irosch; Pali: Michael Gutstein; Ein Polizist: Silvio Carli; István: Jakob Glashüttner; Zigeuner: Karlheinz Drobesch, Bruno Krebs, Alexander Posch

23. März 1974
Wolfgang Amadeus Mozart:
Die Entführung aus dem Serail
Musikalische Leitung: Theodor Guschlbauer; Inszenierung: Axel Corti; Bühne: Wolfgang Hutter; Kostüme: Birgit Hutter; Choreinstudierung: Ernst Rosenberger
Selim, Bassa: Otto David; Konstanze: Edita Gruberova; Blondchen, ihre Zofe: Patricia Barham; Belmonte: Sigurd Björnsson; Pedrillo, sein Diener, jetzt Aufseher in den Gärten des Bassa: Erich Seitter; Osmin, Aufseher über das Landhaus des Bassa: Helmut Berger-Tuna

28. April 1974 (Neueinstudierung)
Richard Wagner: Siegfried
Musikalische Leitung: Gustav Cerny; Inszenierung: André Diehl; Bühne: Wolfram Skalicki; Kostüme: Ronny Reiter
Siegfried: Herbert Becker; Mime: Erich Klaus; Der Wanderer: Walter Kreppel; Alberich: Gottfried Hornik; Fafner: Jaroslav Stajnc; Erda: Gertraud Eckert; Brünnhilde: Danica Mastilovic; Stimme des Waldvogels: Dorit Hanak

Probebühne, 27. Mai 1974 (österreichische Erstaufführung)
Heinrich von Kleist/Fritz Geissler:
Der zerbrochene Krug (Oper)
Musikalische Leitung: Wolfgang Bozić; Inszenierung: André Diehl; Ausstattung: Thomas Moog
Walter: Gottfried Hornik; Adam: Rolf Polke; Licht: Erich Seitter; Frau Marthe: Erika Schubert; Eve: Dorit Hanak; Veit Tümpel: Nikolaus Hufnagl; Ruprecht: Sigurd Björnsson; Frau Brigitte: Waltraud Schwind; Bedienter: Michael Gutstein; Zwei Mägde: Maria Bürger, Erni Tögl

1. Juni 1974 (in italienischer Sprache)
Gaetano Donizetti: Lucia di Lammermoor
Musikalische Leitung: Hector Urbon; Inszenierung: Paul Hager; Bühne: Wolfram Skalicki; Kostüme: Ronny Reiter; Choreinstudierung: Ernst Rosenberger
Lord Enrico Ashton von Ravenswood, verschuldeter schottischer Adeliger: Benito di Bella; Miß Lucia, die Schwester des Lords: Milena Dal Piva; Alisa, Lucias Freundin und Erzieherin: Edith Gruber; Raimondo Bidebent, Schloßgeistlicher und Lehrer der Lucia: Jaroslav Stajnc; Normanno, Anführer und Verteidiger von Ravenswood, Ratgeber des Lords: Erich Seitter; Sir Edgardo Ravenswood, verarmter schottischer Adeliger: Ruggero Bondino; Lord Arturo Buklaw, neureicher schottischer Adeliger: Sigurd Björnsson

22. Juni 1974 (Neueinstudierung)
Richard Wagner: Götterdämmerung
Musikalische Leitung: Ernst Märzendorfer; Inszenierung: André Diehl; Bühne: Wolfram Skalicki; Kostüme: Ronny Reiter; Choreinstudierung: Ernst Rosenberger
Siegfried: Herbert Becker; Gunther: Rolf Polke; Hagen: Thomas O'Leary; Alberich: Gottfried Hornik; Brünnhilde: Anna Green; Gutrune: Linda Trotter; Waltraute: Gertraud Eckert; Die drei Nornen: Linda Heimall, Gertraud Eckert, Olga Voll; Woglinde: Norma Newton; Wellgunde: Edith Gruber; Floßhilde: Erika Schubert; Zwei Mannen: Michael Gutstein, Nikolaus Hufnagl

SPIELZEIT 1974/75

29. September 1974
(in italienischer Sprache – „75 Jahre Opernhaus")
Wolfgang Amadeus Mozart: Don Giovanni
Musikalische Leitung: Ernst Märzendorfer; Inszenierung: Harry Kupfer; Ausstattung: Wilfried Werz; Choreinstudierung: Ernst Rosenberger
Don Giovanni: Claudio Nicolai; Der Komtur: Hans Tschammer; Donna Anna, seine Tochter: Erika Uphagen; Don Ottavio, Verlobter der Donna Anna: Sigurd Björnsson; Donna Elvira, Dame aus Burgos, von Don Giovanni verlassen: Nelly Ailakowa; Leporello, Diener Don Giovannis: Helmut Berger-Tuna; Zerlina, Bäuerin: Raeschelle Potter; Masetto, ihr Bräutigam: Günter Lackner

26. Oktober 1974
(österreichische Erstaufführung – „steirischer herbst '74")
Benjamin Britten: Der Tod in Venedig
Musikalische Leitung: Wolfgang Bozić; Inszenierung: Hans Hartleb; Ausstattung: Ekkehard Grübler; Choreinstudierung: Ernst Rosenberger; Choreographische Einrichtung: Waclaw Orlikowsky
Gustav von Aschenbach, Schriftsteller: Richard Holm; Reisender, Ältlicher Geck, Alter Gondoliere, Hoteldirektor, Hotelfriseur, Anführer der Straßensänger, Stimme des Dionysos: Gottfried Hornik; Stimme Apollons: John Patrick Thomas; Polnische Dame: Christa Maurer-Kronegg; Tadzio, ihr Sohn: Erik Wedekind; Ihre beiden Töchter: Maria Loidl, Susanne Pötsch; Kinderfrau: Hedwig Schulz; Jaschiu, Tadzios Freund: Carlos Perez; Freund des Jaschiu: Valentin Baraianu; Hotelportier: Erich Klaus; Bootsmann: Nikolaus Hufnagl; Hotelkellner: Alexander Posch; Zwei Straßensänger: Edith Gruber, Erich Seitter; Erdbeerverkäuferin: Dorit Hanak; Fremdenführer: Herbert Renn; Spitzenverkäuferin: Patricia Barham; Glasverkäufer: Jakob Glashüttner; Bettlerin: Anna Portika; Muschelverkäufer: Günter Lackner; Zeitungshändler: Bruno Krebs; Priester: Nikolaus Hufnagl; Clerk im englischen Reisebüro: Michael Gutstein; Schiffssteward: Rudolf Jan; Besucher des Reisebüros: Claudia Leski, Hedy Felkar, Chris Priewalder, Franz Schweighofer; Stimmen der Gondolieri: Erich Seitter, Hans Tschammer

24. November 1974 (Erstaufführung)
West Side Story
Musical nach einer Idee von Jerome Robbins; Buch: Arthur Laurents; Musik: Leonard Bernstein; Gesangstexte: Stephen Sondheim; deutsche Fassung: Marcel Prawy
Musikalische Leitung: Walter Goldschmidt; Inszenierung: Wolfgang Weber/Larry Fuller; Regie: Wolfgang Weber; Choreographie: Larry Fuller; Bühne: Wolfram Skalicki; Kostüme: Monika von Zallinger und Ronny Reiter; Choreographische Assistenz: Christa Maurer-Kronegg
Riff: Helge Grau; Tony: Wolfgang Siesz; Action: Bernd Jeschek; Arab: Erik Göller; Baby John: Erik Wedekind; Snowboy: Helmuth Pseiner; Professor: Michael Gutstein; Diesel: Karlheinz Drobesch; Guitar: Valentin Baraianu; Tiger: Emilian Tarta; Graziella: Paula Bennett; Velma: Linda Papworth; Minnie: Denise Pollock; Clarice: Helga Schwarz; Nancy: Adelheid Stenzel; Anybodys: Eva Ploder; Bernardo: Carmine Terra; Maria: Raeschelle Potter; Anita: Nives Stambuk; Chino: Reinhard Weixler; Pepe: Dimitrie Dumbrava; Indio: Joan Farcas; Louis: Edmund Lederer; Anxious: Werner

Benjamin Britten, Ein Sommernachtstraum (1986). Christoph Schmidt als Puck.

P. I. Tschaikowsky, Dornröschen (1986). Maja Srbljenović als Fee Carabosse.

Lederer; Nibbles: Rainer Rippel; Rosalia: Linda Heimall; Consuela: Elisabeth Kales; Francisca: Patricia Barham; Teresita: Sylvie Reynaud; Conchita: Camelia Petricica; Estella: Lynette Mounter; Margarita: Erika Grum; Mercedes: Claudia Kals; Doc: Curt Eilers; Schrank: Walter Kohls; Inspektor Krupke: Walter Tomaschitz; Glad Hand: Jakob Glashüttner; Stimme der Vision: Sieglinde Kahmann

22. Dezember 1974
Giacomo Puccini: Der Mantel
Musikalische Leitung: Franz Bauer-Theussl; Inszenierung: Hans Hartleb; Bühne: Wolfram Skalicki; Kostüme: Ronny Reiter; Choreinstudierung: Ernst Rosenberger
Marcel, Besitzer eines Schleppkahns: Ludovic Konya; Georgette, Marcels Frau: Marie Robinson; Henri, Löscher: José Maria Perez; Der „Stockfisch", Löscher: Erich Seitter; Der „Maulwurf", Löscher: Hans Tschammer; Das „Frettchen", Frau des „Maulwurfs": Anna Portika; Ein Straßensänger: Erich Klaus; Die Stimmen eines Liebespaares: Erni Tögl, Thomas Tarjan

Giacomo Puccini: Gianni Schicchi
Gianni Schicchi: Gottfried Hornik; Lauretta: Sieglinde Kahmann; Die Verwandten des soeben verstorbenen Buoso Donati: Zita, genannt die Alte, Buosos Base: Erika Schubert; Rinuccio: Sigurd Björnsson; Gherardo, Buosos Neffe: Erich Seitter; Nella, seine Frau: Eva Bartfai; Gherardino, beider Sohn: Daniel Björnsson; Betto von Signa, Buosos Schwager: Günter Lackner; Simon, Buosos Vetter: Rolf Polke; Marco, sein Sohn: Michael Gutstein: Ciesca, Marcos Frau: Linda Heimall; Magister Spineloccio, Arzt: Nikolaus Hufnagl; Amantio di Nicolao, Notar: Hans Tschammer; Pinellino, Schuster: Herbert Renn; Guccio, Färber: Rudolf Jan

23. Februar 1975 (in italienischer Sprache)
Vincenzo Bellini: La Sonnambula
Musikalische Leitung: Argeo Quadri; Inszenierung: Alfred Wopmann; Ausstattung: Jean-Pierre Ponnelle; Choreinstudierung: Ernst Rosenberger
Graf Rodolfo: Giovanni Gusmeroli; Teresa, Müllerin: Linda Heimall; Amina, ihre Pflegetochter: Sona Ghazarian; Elvino, reicher junger Bauer: Adolf Dallapozza; Lisa, Wirtin: Patricia Barham; Alessio, ihr Liebhaber: Günter Lackner; Ein Notar: Jakob Glashüttner

Franz von Suppé, Boccaccio (1986).

Schauspielhaus, 4. März 1975
Ballettabend: Jazz Time
Idee und Choreographie: Larry Fuller; Musikalische Leitung: Stefan Kouba; Bühne: Frieder Klein; Kostüme: Lotte Pieczka
Hip: Linda Papworth; Straight: Paula Bennett, Joan Farcas; Noisy: Larry Fuller

Jazz and the Dancing Americans
mit dem Ballett der Vereinigten Bühnen

Abstecher, 20. März 1975
Robert Katscher: Bei Kerzenlicht
Inszenierung: André Diehl; Musikalische Leitung: Stefan Kouba; Bühne: Robert Ernst Jahren; Kostüme: Lotte Pieczka/Gerhard Schoberwalter
Ferdinand Freiherr von Rommer: Thomas Tarjan; Herr von Baltin: Josef Kepplinger; Frau von Baltin: Else Kalista; Maria: Beate Granzow; Ida: Maria Bürger; Gaston: Helmut Wallner; Chauffeur: Silvio Carli; Kellner: Hans Lexl

22. März 1975 (in italienischer Sprache)
Giuseppe Verdi: Macbeth
Musikalische Leitung: Hector Urbon; Inszenierung: Paul Hager; Bühne: Wolfram Skalicki; Kostüme: Amrei Skalicki; Choreinstudierung: Ernst Rosenberger; Choreographie: Joan Farcas
Duncano, König von Schottland: Karlheinz Drobesch; Macbeth, Banco: Feldherren Duncanos: Benito Di Bella, Hans Tschammer; Lady Macbeth: Katia Kolceva Angeloni; Kammerfrau der Lady: Anna Portika; Macduff, schottischer Edelmann: Berardino Trotta; Malcolm, Duncanos Sohn: Sigurd Björnsson; Fleanzio, Bancos Sohn: Gerhard Tatschl; Ein Arzt, ein Diener: Günter Lackner; Ein Mörder: Nikolaus Hufnagl; 1. Erscheinung: Michael Gutstein; 2. Erscheinung: Michael Stolze; 3. Erscheinung: Georg Karacsonyi

26. April 1975
Edmund Eysler: Die gold'ne Meisterin
Musikalische Leitung: Walter Goldschmidt; Inszenierung: Horst Zander; Bühne: Frieder Klein; Kostüme: Hanna Wartenegg; Choreinstudierung: Ernst Rosenberger; Choreographie: Joan Farcas
Contezza Giulietta: Gudrun Velisek; Margarete, eine reiche Goldschmiedswitwe: Else Kalista; Ritter Fridolin von Gumpendorf: Herbert Prikopa; Graf Jaromir auf Greifenstein: Helmut Wallner; Christian, Goldschmiedgeselle: Wolfgang Siesz; Franz, Altgeselle: Hanns Heger; Portschunkula, Haushälterin: Erika Schubert; Friedl, Lehrbub: Elisabeth Kales; Wenzel, Geselle: Bruno Krebs; Bruder Ignatius: Willy Popp; Bruder Severinus: Walter Tomaschitz; Bruder Peregrini: Richard Brantner

14. Mai 1975 (Koproduktion des Kroatischen Nationalballetts mit dem Ballett der Vereinigten Bühnen)
Serge Prokofjew: Aschenbrödel („Cinderella")
Musikalische Leitung: Miro Belamarić; Inszenierung und Choreographie: Waclaw Orlikowsky; Bühnenbild: Annelies Corrodi; Kostüme: Ronny Reiter

SPIELZEIT 1975/76

28. September 1975
Alexander Borodin: Fürst Igor
Musikalische Leitung: Nikša Bareza; Inszenierung: Federik Mirdita; Ausstattung: Annelies Corrodi; Choreinstudierung: Ernst Rosenberger; Choreographie: Waclaw Orlikowsky
Igor, Fürst von Sewersk: Stojan Popov; Jaroslawna, seine Frau in zweiter Ehe: Marie Robinson; Wladimir, sein Sohn aus erster Ehe: Thomas Moser; Prinz Galitzkij, Bruder der Fürstin Jaroslawna: Hans Tschammer; Kontschak, Khan der Polowzer: Stephan Elenkov; Kontschakowna, seine Tochter: Linda Heimall; Owlur, ein getaufter Polowzer: William Reeder; Skula, Jeroschka, Gudokspieler: Günter Lackner, Erich Seitter; Amme der Fürstin Jaroslawna: Erika Schubert; Stimme eines Polowzer Mädchens: Edith Gruber

24. Oktober 1975
Johann Strauß: Eine Nacht in Venedig
Musikalische Leitung: Ronald Schneider; Inszenierung: Horst Zander; Bühne: Frieder Klein; Kostüme: Hanna Wartenegg; Choreinstudierung: Ernst Rosenberger; Choreographie: Waclaw Orlikowsky
Guido, Herzog von Urbino: William Reeder; Bartolomeo Delaqua, Stefano Barbaruccio, Giorgio Testaccio, Senatoren von Venedig: Willy Popp, Walter Gaster, Josef Kepplinger; Barbara, Delaquas Frau: Erni Tögl; Agricola, Barbaruccios Frau: Olga Voll; Annina, Fischerstochter: Else Kalista; Caramello, des Herzogs Leibbarbier: José Maria Perez; Pappacoda, Makkaronikoch: Peter Karner; Ciboletta, Zofe im Dienste Delaquas: Elisabeth Kales; Enrico Piselli, Seeoffizier: Karlheinz Drobesch; Centurio, Diener des Herzogs: Silvio Carli; Francesco: Hans Lexl; Herold: Herbert Renn

26. Oktober 1975
Johann Strauß
Soirée zum 150. Geburtstag von und mit Marcel Prawy
Musikalische Leitung: Walter Goldschmidt; Multivision: Hans Gsellmann; Bühne: Wolfram Skalicki, Lucia Popp und Peter Minich

22. November 1975
Alban Berg: Wozzeck
Musikalische Leitung: Gustav Cerny; Inszenierung: Harry Kupfer; Ausstattung: Wilfried Werz; Choreinstudierung: Ernst Rosenberger
Wozzeck: Gottfried Hornik; Tambourmajor: Thomas Moser; Andreas: William Reeder; Hauptmann: Richard Ames; Doktor: Helmut Berger-Tuna; 1. Handwerksbursch: Hans Tschammer; 2. Handwerksbursch: Michael Gutstein; Der Narr: Kurt Schreibmayer; Ein Pianist: Ronald Schneider; Ein Soldat: Jakob Glashüttner; Marie: Gertraud Eckert; Margret: Anna Portika; Mariens Knabe: Gabi De Marbaix

1. Februar 1976
Gioacchino Rossini: Mosè
Musikalische Leitung: Argeo Quadri; Inszenierung: Hans Hartleb; Bühne: Wolfram Skalicki; Kostüme: Hanna Wartenegg; Choreinstudierung: Ernst Rosenberger
Mosè, Prophet der Juden: Stephan Elenkov; Elisero, sein Bruder: William Reeder; Maria, seine Schwester: Linda Heimall; Anaide,

Tochter Marias: Marie Robinson; Pharao, Herrscher Ägyptens: Juan Galindo; Sinaide, seine Gemahlin: Raeschelle Potter; Amenofi, beider Sohn: Thomas Moser; Osiride, Isispriester: Hans Tschammer; Aufide, ägyptischer Feldherr: Erich Seitter; Stimme Jehovas: Helmut Berger-Tuna

7. März 1976 (Premiere I)
Otto Nicolai: Die lustigen Weiber von Windsor
Musikalische Leitung: Wolfgang Bozić; Inszenierung: Horst Zander; Bühne: Peter Heyduck; Kostüme: Ronny Reiter; Choreinstudierung: Ernst Rosenberger; Choreographie: Elisabeth Mischuretz-Gombkötö
Sir John Falstaff: Helmut Berger-Tuna; Frau Fluth: Dorit Hanak; Frau Reich: Edith Gruber; Herr Fluth, Herr Reich, Bürger von Windsor: Michael Gutstein, Hans Tschammer; Fenton: William Reeder; Jungfer Anna Reich: Patricia Barham: Junker Spärtlich: Erich Seitter; Dr. Cajus: Günter Lackner; Der Wirt: Hanns Heger; Hanne: Hedy Felkar; 1. Bürger: Bruno Krebs; 2. Bürger: Wolfgang Bresch
Ballett im siebenten Bild: ausgeführt von Studierenden der Opernballettschule

20. März 1976 (Premiere II)
Otto Nicolai: Die lustigen Weiber von Windsor
Leitung wie Premiere I
Sir John Falstaff: Hans Tschammer; Frau Fluth: Eva Bartfai; Frau Reich: Erni Tögl; Herr Fluth, Herr Reich, Bürger von Windsor: Gottfried Hornik, Rolf Polke; Fenton: William Reeder; Jungfer Anna Reich: Arlene Thiel; Junker Spärtlich: Jakob Glashüttner; Dr. Cajus: Gerhard Schmaranz; Der Wirt: Hanns Heger; Hanne: Hedy Felkar; 1. Bürger: Bruno Krebs; 2. Bürger: Wolfgang Bresch

11. April 1976
Emerich Kálmán: Die Csárdásfürstin
Musikalische Leitung: Walter Goldschmidt; Inszenierung und Choreographie: Waclaw Orlikowsky; Bühne: Frieder Klein; Kostüme: Ronny Reiter; Choreinstudierung: Eduard Claucig
Leopold Maria, Fürst von und zu Lippert-Weylersheim: Willy Popp; Anhilte, seine Frau, genannt Kupfer-Hilda: Erika Schubert; Edwin Ronald, beider Sohn: Wolfgang Siesz; Komtesse Stasi, Nichte des Fürsten: Elisabeth Kales; Graf Boni Kancsianu: Peter Karner; Sylva Varescu: Rodica Popescu; Feri von Kerekes, genannt Feri bacsi:

Giuseppe Verdi, Don Carlo (1989). Melanie Sonnenberg als Eboli.

M. P. Mussorgsky, Boris Godunow (1986).

Thomas Tarjan; Eugen von Rohnsdorff, Oberleutnant: Karlheinz Drobesch; Kiss, Notar: Hanns Heger; Botschafter McGrave: Silvio Carli; Miksa, Oberkellner: Hans Lexl; Juliska, Aranka, Cleo, Rizzi, Selma, Mia, Daisy, Vally (Varietémädchen): Paula Bennett, Erika Grum, Adelheid Stenzel, Lynette Mounter, Isabel Saunders, Rodica Pascu, Linda Perrett, Angelika Hermann
Zigeunerkapelle mit Primas Rezsö Nyári

30. Mai 1976
Jacques Offenbach: Hoffmanns Erzählungen
Musikalische Leitung: Theodor Guschlbauer; Inszenierung: Jacques Karpo; Bühne: Wolfram Skalicki; Kostüme: Ronny Reiter; Choreinstudierung: Ernst Rosenberger
Hoffmann: Thomas Moser; Olympia, ein Automat: Patricia Barham; Giulietta, eine Kurtisane: Nelly Ailakowa; Antonia: Eva Bartfai; Stella, Sängerin: Erika Roth; Lindorf, Coppelius, Dapertutto, Mirakel: Gottfried Hornik; Andreas, Cochenille, Pitichinaccio, Franz: Erich Seitter; Niklaus, Hoffmanns Freund: Edith Gruber; Stimme von Antonias Mutter, Zweite Stimme der Barcarole: Erni Tögl; Spalanzani, ein Physiker: Josef Kepplinger; Crespel, Antonias Vater: Hans Tschammer; Schlemihl: Günter Lackner; Nathanael, Hermann, Wilhelm, Studenten: Peter Karner, Michael Gutstein, Jakob Glashüttner; Luther, Wirt: Alfred Burgstaller

SPIELZEIT 1976/77

3. Oktober 1976 (Erstaufführung)
George Gershwin: Porgy and Bess
Musikalische Leitung: Wolfgang Bozič; Inszenierung: Wolfgang Weber; Ausstattung: Robert O'Hearn; Choreinstudierung: Ernst Rosenberger; Choreographie: Christa Maurer-Kronegg
Porgy: Benjamin Matthews; Bess: Felicia Weathers; Crown: Allan Evans; Sporting-Life: Charles Williams; Serena: Ruby Jones; Clara: Viola Gilliam; Maria: Nadine Brewer; Jake: Reginald Evans; Mingo: Frederick Kennedy; Robbins: Peter Karner; Peter: Bruno Krebs; Frazier: Charles Berry; Annie: Beverly Vaughn; Jim: Charles Berry; Krabbenverkäufer: Frederick Kennedy; Detektiv: Karlheinz Drobesch; Leichenbeschauer: Charles Berry; Coroner: André Diehl; Kinder: Scipio-Emmett, Carl, Gregory, Angelyn und Tobie Robinson

27. November 1976 (Erstaufführung)
Leoš Janáček: Das schlaue Füchslein
Musikalische Leitung: Miro Belamarić; Inszenierung: Vaclav Veznik; Bühne: Ivan Lackovi´c und Vaclav Veznik; Kostüme: Lotte Pieczka; Choreinstudierung: Ernst Rosenberger; Choreographie: Christa Maurer-Kronegg
Der Förster: Ludovic Konya; Die Frau Försterin: Olga Voll; Der Schulmeister: Richard Ames; Der Pfarrer: Helmut Berger-Tuna; Háraschta, ein Landstreicher: Friedemann Hanke; Der Gastwirt Pasek: Günter Lackner; Die Gastwirtin: Erni Tögl; Sepp, der Sohn des Försters: Arlene Thiel; Franzl, sein Freund: Monika Hofer; Füchslein Schlaukopf: Elisabeth Kales; Das kleine Füchslein: Gabi de Marbaix; Fuchs: Sue Patchell; Dackel: Linda Heimall; Hahn: Nelly Ailakowa; Schopfhenne: Dorit Hanak; Grille: Ruth Reichenebner; Heuschreck: Hedy Felkar; Frosch: Gabriela Hiedl; Specht: Anna Portika; Mücke: Jakob Glashüttner; Dachs: Alfred Burgstaller; Eule: Edith Gruber; Eichelhäher: Claudia Leski

Gioaccino Rossini, Der Barbier von Sevilla (1986). Melanie Sonnenberg und David Sundquist.

12. Dezember 1976
Adolphe Adam: Giselle
Musikalische Leitung: Wolfgang Bozić; Choreographie: Waclaw Orlikowsky; Bühne: Wolfram Skalicki; Kostüme: Lotte Pieczka
Herzog Albrecht (Lois): Marin Turku; Wilfried, herzoglicher Verwalter: Helmut Pseiner; Prinz von Curland: Kurt Schreibmayer; Bathilde, seine Tochter: Christa Maurer-Kronegg; Hilarion, ein Wildhüter: Farid Ashmawy; Bertha, eine Bauernwitwe: Erika Schubert; Giselle, ihre Tochter: Linda Papworth; Flora, eine Winzerin: Sylvia Reynaud; Roland, ein Winzer: Emilian Tarta

25. Dezember 1976 (Neueinstudierung)
Richard Strauss: Der Rosenkavalier
Musikalische Leitung: Adam Fischer; Inszenierung: Horst Zander; Bühne: Gottfried Neumann-Spallart; Kostüme: Hanna Wartenegg; Choreinstudierung: Ernst Rosenberger
Die Feldmarschallin, Fürstin Werdenberg: Leonore Kirschstein; Der Baron Ochs auf Lerchenau: Helmut Berger-Tuna; Octavian, genannt Quinquin, ein junger Herr aus großem Haus: Edith Gruber; Herr von Faninal, ein reicher Neugeadelter: Gottfried Hornik; Sophie, seine Tochter: Donna Robin; Jungfer Marianne Leitmetzerin, die Duenna: Olga Voll; Valzacchi, ein Intrigant: Erich Klaus; Annina, seine Begleiterin: Erni Tögl; Der Haushofmeister bei der Feldmarschallin: Josef Kepplinger; Ein Sänger: William Reeder; Ein Flötist: Josef Schneider; Ein Notar: Alfred Burgstaller; Eine adelige Witwe: Sophie Kögl; Drei adelige Waisen: Claudia Leski, Erika Roth, Renate Brantl; Ein Friseur: Erik Göller; Sein Gehilfe: Michael Bozic; Modistin: Agnes Lontay; Tierhändler: Jakob Glashüttner; Vier Lakaien der Marschallin: Heinz Stens, Wolfgang Bresch, Erhard Schultze, Richard Brantner; Der Haushofmeister bei Faninal: Thomas Tarjan; Ein Wirt: Kurt Schreibmayer; Vier Kellner: Bruno Krebs, Erhard Schultze, Herbert Renn, Hans Kien; Piccolo: Magdalena Karácsonyi; Der Polizeikommissär: Günter Lackner; Leopold: Rudolf Jan; Mohamed: Tobie Robinson

30. Jänner 1977
Richard Heuberger: Der Opernball
Musikalische Leitung: Walter Goldschmidt; Inszenierung: Karlheinz Drobesch; Bühnenbild: Jörg Koßdorff; Kostüme: Hanna Wartenegg; Choreinstudierung: Ernst Rosenberger; Choreographie: Waclaw Orlikowsky
Beaubuisson: Willy Popp; Palmyra: Erika Schubert; Henri: Elisabeth Kales; Paul Aubier: Thomas Tarjan; Angèle Aubier: Edda Hochkofler; Georges Duménil: Wolfgang Siesz; Marguérite Duménil: Edith Gruber; Hortense: Rodica Popescu; Feodora: Nives Stambuk; Philipp: Josef Kepplinger; Germain: Alexander Posch; Jean: Silvio Carli; Baptiste: Hans Lexl; Alfonse: Wolfgang Bresch

5. März 1977
Wolfgang Amadeus Mozart: Così fan tutte
Musikalische Leitung: Ernst Märzendorfer; Inszenierung: Federik Mirdita; Ausstattung: Hannes Rader; Choreinstudierung: Ernst Rosenberger
Fiordiligi, Dorabella, Schwestern: Sue Patchell; Guglielmo, Offizier, Verlobter Fiordiligis: Ludovic Konya; Ferrando, Offizier, Verlobter Dorabellas: Thomas Moser; Despina, Kammermädchen der Damen: Dorit Hanak; Don Alfonso, ein alter Philosoph: Gottfried Hornik

2. April 1977
Karl Millöcker: Der Bettelstudent
Musikalische Leitung: Walter Goldschmidt; Inszenierung: Robert Herzl; Bühne: Frieder Klein; Kostüme: Ronny Reiter; Choreinstudierung: Eduard Claucig; Choreographie: Adam Rostecki
Die Polen: Palmatica, Gräfin Nowalska: Erika Schubert; Laura, Bronislawa, deren Töchter: Eva Bartfai, Elisabeth Kales; Bogumil, Graf Malachowski, ihr Cousin: Günter Lackner; Eva, seine Frau: Erni Tögl; Symon Rymanowicz, Jan Janicki, Studenten: Wolfgang Siesz, Peter Karner; Onuphrie, Lakai der Gräfin Nowalska: Alexander Posch; Ordonnanz: Zoltan Császár
Die Sachsen: Ernst August, Oberst Ollendorf, Gouverneur von Krakau: Helmut Berger-Tuna; Friedrich Wilhelm von Wangenheim, Leopold Baron Henrici, Karl Eugen Edler von Schweinitz, Ruprecht Graf Richthofen (Offiziere): Hanns Heger, Götz Zemann, Alfred Burgstaller, Jakob Glashüttner; Karl August Enterich, Kerkermeister: Willy Popp; Piffke, Puffke (Schließer): Richard Brantner, Laszlo Modos; Wachtmeister: Erhard Schultze

23. April 1977 (in italienischer Sprache)
Giacomo Puccini: Madame Butterfly
Musikalische Leitung: Wolfgang Bozić; Inszenierung: Horst Zander; Bühne: Jörg Koßdorff; Kostüme: Ronny Reiter; Choreinstudierung: Ernst Rosenberger
Cio-Cio-San, Butterfly: Marie Robinson; Suzuki: Linda Heimall; Kate Pinkerton: Erni Tögl; F. B. Pinkerton: Thomas Moser; Sharpless: Ludovic Konya; Goro Nakodo: Erich Seitter; Fürst Yamadori: Günter Lackner; Onkel Bonze: Rolf Polke; Yakusidé: Richard Brantner; Der Kaiserliche Kommissär: Alfred Burgstaller; Der Standesbeamte: Alexander Posch; Die Mutter Cio-Cio-Sans: Josefine Saidula; Die Base: Claudia Leski; Die Tante: Elli Schneider; Cio-Cio-Sans Kind: Gernot Poduschka

4. Juni 1977 (in französischer Sprache)
Georges Bizet: Die Perlenfischer
Musikalische Leitung: Argeo Quadri; Inszenierung: Alfred Wopmann; Bühne: Jean-Pierre Ponnelle; Kostüme: Hanna Wartenegg; Choreinstudierung: Ernst Rosenberger; Choreographie: Waclaw Orlikowsky
Nadir: Vittorio Terranova; Zurga: Georg Tichy; Nurabad: Friedemann Hanke; Leila: Lilian Sukis; Ein Fischer: Günter Lackner
Ballett: Studierende der Opernballettschule

SPIELZEIT 1977/78

1. Oktober 1977
Richard Wagner: Die Meistersinger von Nürnberg
Musikalische Leitung: Peter Schrottner; Inszenierung: Carl Riha; Bühnenbild: Wolfram Skalicki; Kostüme: Ronny Reiter; Choreinstudierung: Ernst Rosenberger; Choreographie: Rolf Scharre; musikalische Einstudierung: Reinhard Schmidt
Hans Sachs: Rudolf Holtenau; Veit Pogner: Hans Tschammer; Kunz Vogelgesang: Kurt Schreibmayer; Konrad Nachtigall: Götz Zemann; Sixtus Beckmesser: Gottfried Hornik; Fritz Kothner: Rolf Polke; Balthasar Zorn: Karl Jerolitsch-Binder; Ulrich Eißlinger: Erich Klaus; Augustin Moser: Jozsef Kovacs; Hermann Ortel: Franz Schweighofer; Hans Schwarz: Alfred Burgstaller; Hans Foltz: Michael Gutstein; Walther von Stolzing: Wilfried Badorek; David: Ernst-Dieter Suttheimer; Eva: Sue Patchell; Magdalena: Erni Tögl; Nachtwächter: David Pittman-Jennings

Engelbert Humperdinck, Hänsel und Gretel (1986). Ernst-Dieter Suttheimer als Knusperhexe.

8. Oktober 1977 (Uraufführung, „steirischer herbst '77")
Otto M. Zykan: Symphonie Aus der heilen Welt
Szenisches Konzert
Musikalische Leitung: Wolfgang Bozić; Inszenierung: Otto M. Zykan/Karl Heinz Drobesch; Chor: Ernst Rosenberger
Sängerin: Donna Robin; Komponist: Otto M. Zykan; Berater: Karl Gruber; Violinvirtuose: Ernst Kovacic; Indianer: Erik Göller; Pantomime: Gerd Ribitsch

23. Oktober 1977 (Schauspielhaus, deutschsprachige Erstaufführung)
Ilkka Kuusisto/Tove Jansson: Die Muminoper
Musikalische Leitung: Wolfgang Bozić; Inszenierung: Karl Heinz Drobesch; Bühne: Jörg Koßdorff; Kostüme: Ronny Reiter; Choreographie: Christa Maurer-Kronegg
Muminmutter: Anna Portika; Muminvater: Friedemann Hanke; Mumin: Ernst-Dieter Suttheimer; Snorkfräulein: Donna Robin; Filifjonka: Fran Lubahn; Misa: Linda Heimall; Emma: Olga Voll; Kleine Mü: Diana Benett; Schnupferich: Walter Gaster; Phantom der Oper: Walter Ulbl
Bäumchen: Sonja Gabriel, Elvira Gießer, Béatrice Hartmann, Claudia Leeb, Karin Pflanzl, Silvia Rucker, Gisela Slanina, Karoline Waidacher
Hatifnatten: Balletteleven der Vereinigten Bühnen

25. Oktober 1977
(Uraufführung zur 850-Jahr-Feier der Stadt Graz)
Robert Stolz und sein Jahrhundert
Eine musikalische Multimediashow von und mit Marcel Prawy.
Musikalische Leitung: Walter Goldschmidt; Inszenierung und Choreographie: Waclaw Orlikowsky; Bühnenbild und Großprojektion: Wolfram Skalicki; Multivision: Hans Gsellmann; Kostüme: Lotte Pieczka; Chorleitung: Sándor Kósa
Musikalisches Arrangement: Walter Goldschmidt/Carl Michalsky/ Willi Mattes, Peter Minich, Else Kalista, Dorit Hanak, Jozsef Kovacs, Linda Papworth, Sylvie Reynaud, Erika Grum, Emilian Tarta, Peter Hayles, Farid Ashmawy, Erika Schubert, Judith Pfiszter, Edith Gruber, Rodica Pascu, Elisabeth Gombkötö, Sándor Kósa, Michael Gutstein, Erik Göller, Denise Pollock, Helmut Pseiner, Nives Stambuk, Kurt Schreibmayer, Erni Tögl, Birgit Pitsch-Sarata, David Pittman-Jennings, Marianne Kopatz

26. November 1977
Peter Iljitsch Tschaikowsky: Eugen Onegin
Musikalische Leitung: Nikša Bareza; Inszenierung und Choreographie: Waclaw Orlikowsky; Bühne: Wolfram Skalicki; Kostüme: Lotte Pieczka; Choreinstudierung: Ernst Rosenberger
Larina: Edith Gruber; Tatjana: Eva-Maria Barta; Olga: Erni Tögl; Filipjewna: Erika Schubert; Eugen Onegin: Ludovic Konya; Wladimir Lenski: Jozsef Kovacs; Fürst Gremin: Franjo Petrusanec; Hauptmann: David Pittman-Jennings; Saretzki: Alfred Burgstaller; Monsieur Triquet: Ernst-Dieter Suttheimer; Monsieur Guillot: Erik Göller; Bauer: Jakob Glashüttner

17. Dezember 1977
Engelbert Humperdinck: Hänsel und Gretel
Musikalische Leitung: Adolf Winkler; Inszenierung: Horst Zander; Ausstattung: Bühnenbildklasse der Hochschule für Musik und darstellende Kunst o. Prof. Dr. Wolfram Skalicki; Ausführung: Marlies Maierhofer, Alois Kuschetz, Wolf-Dieter Pfaundler; Grazer Kammerorchester; Kinder- und Jugendchor: Marcel de Marbaix
Peter: Michael Gutstein; Gertrud: Gundel Jabornik; Hänsel: Edith Gruber; Gretel: Barbara Falk; Knusperhexe: Ernst-Dieter Suttheimer; Sandmännchen-Taumännchen: Elisabeth Zemann

25. Dezember 1977 (in italienischer Sprache)
Giuseppe Verdi: La Traviata
Musikalische Leitung: Peter Schrottner; Inszenierung: Karl Heinz Drobesch; Bühne: Jörg Koßdorff; Kostüme: Hanna Wartenegg; Choreinstudierung: Ernst Rosenberger; Choreographie: Waclaw Orlikowsky
Violetta Valery: Sonja Poot; Flora Bervoix: Fran Lubahn; Annina: Erni Tögl; Alfred Germont: Rockwell Blake; Georges Germont: Lajos Miller; Gaston, Vicomte de Letorière: Ernst-Dieter Suttheimer; Baron Douphol: James Johnson; Marquis d'Obigny: Michael Gutstein; Doktor Grenvil: Friedemann Hanke; Joseph: Jakob Glashüttner; Diener Floras: Franz Schweighofer; Kommissionär: Alfred Burgstaller

29. Jänner 1978
Festvorstellung anläßlich der 25jährigen Zugehörigkeit zu den Vereinigten Bühnen, des 50jährigen Bühnenjubiläums und der Vollendung des 70. Lebensjahres von Willy Popp
Emerich Kálmán: Die Zirkusprinzessin
Musikalische Leitung: Walter Goldschmidt; Inszenierung: Horst Zander; Bühne: Frieder Klein; Kostüme: Hanna Wartenegg; Choreinstudierung: Sándor Kósa; Choreographie: Anna Vaughan
Fürstin Fedora Palinska: Nelly Ailakowa; Prinz Sergius Wladimir: Klaus Ofczarek; Graf Saskusin: Michael Gutstein; Leutnant von Petrowitsch: Hans Vabić; Baron Peter Brusowsky; Götz Zemann; Direktor Stanislawsky: Hanns Heger; Mister X: Wolfgang Siesz; Luigi Pinelli: David Pittman-Jennings; Miss Mabel Gibson; Elisabeth Kales; Baron Rasumowsky: Walter Gaster; Carla Schlumberger: Erika Schubert; Toni: Peter Karner; Pelikan: Willy Popp; Billeteur: Bruno Krebs; Barmädchen: Petra Mayer-Zick; Stallmeister: Zoltan Czászár; Haushofmeister des Prinzen: Silvio Carli; Piccolo: Diana Bennett; Samuel Friedländer: Hans Lexl; Hotelportier: Hans Kien; Liftboy: Thomas Jánosi

28. Februar 1978
Leo Delibes: Lakmé
Musikalische Leitung: Peter Schrottner; Inszenierung: Hans Hartleb; Ausstattung: Ekkehard Grübler; Choreinstudierung: Ernst Rosenberger; Choreographie: Waclaw Orlikowsky
Lakmé: Donna Robin; Nilakantha: James Johnson; Mallika: Sharon Moore; Hadji: Kurt Schreibmayer; Ellen: Fran Lubahn; Rose: Dorit Hanak; Mistress Bentson: Erni Tögl; Gerald: Rockwell Blake; Frederick: David Pittman-Jennings; Wahrsager: Erich Klaus; Chinesischer Händler: Jakob Glashüttner; Gauner: Alfred Burgstaller

Johann Strauß, Der Zigeunerbaron (1986).

1. April 1978 (deutschsprachige Erstaufführung)
Nicholas Maw: Der Mond geht auf über Irland
Musikalische Leitung: Wolfgang Bozić; Inszenierung: Wolfgang Weber; Bühne: Peter Heyduck; Kostüme: Ronny Reiter; Choreinstudierung: Ernst Rosenberger
Brother Timothy: Ernst-Dieter Suttheimer; Donal O'Dowd: Ludovic Konya; Cathleen Sweeney: Edith Gruber; Colonel Lord Jowler: Rolf Polke; Major Max von Zastrow: David Pittman-Jennings; Captain Lillywhite: Richard Ames; Lady Eugenie Jowler: Sue Patchell; Frau Elisabeth von Zastrow: Margarita Kyriaki; Miss Atalanta Lillywhite: Fran Lubahn; Corporal of Horse Haywood: Alfred Burgstaller; Cornet John Stephen Beaumont: William Ingle: Witwe Sweeney: Erika Schubert; Lynch: Friedemann Hanke; Gaveston: Klaus Ofczarek; Willoughby: Kurt Schreibmayer

7. Mai 1978 (in italienischer Sprache)
Gaetano Donizetti: Anna Bolena
Musikalische Leitung: Argeo Quadri; Inszenierung: Nathaniel Merrill; Bühne und Projektionen: Frieder Klein; technische Beratung und Lichtgestaltung: Günther Schneider-Siemssen; Kostüme: Hanna Wartenegg; Choreinstudierung: Ernst Rosenberger
Enrico VIII., König von England: James Johnson; Anna Bolena: Emma Renzi; Giovanna Seymour: Biancamaria Casoni; Lord Rocheford: David Pittman-Jennings; Lord Ricardo Percy: Juraj Hurny; Smeton: Sharon Moore; Sir Hervey: Jozsef Kovacs

SPIELZEIT 1978/79

30. September 1978
Igor Strawinsky: Petruschka
Musikalische Leitung: Jean Perisson; Inszenierung und Choreographie: Waclaw Orlikowsky; Bühne: Wolfram Skalicki; Kostüme: Ronny Reiter
Zauberer: Helmut Kupsch; Petruschka: Ioan Logrea; Ballerina: Diana Bennett; Mohr: Farid Ashmawy; Zigeunerin: Desney Severn; Straßentänzerin: Kendell Cameron; Ammen: Denise Pollock, Adelheid Stenzel, Andrea Wagner; Wirtschafterinnen: Erika Grum, Elisabeth Gombkötö, Linda Perrett; Stallbursche: Kevin Lewin; Leierkastenmann: Gerald Staberl; Sohn des Leierkastenmannes: Michael Bozic; Bettlerin: Denise Pollock; Bettler: Kevin Lewin; Kutscher: Helmut Pseiner, Erik Göller

(Grazer Erstaufführung)
Raffaello de Banfield: Le Combat
Musikalische Leitung: Jean Perisson; Inszenierung und Choreographie: Waclaw Orlikowsky; Bühne: Jörg Koßdorff; Kostüme: Ronny Reiter
Clorinde: Vesna Butorac-Blace; Tancred: Mladen Drakulić; 1. Ritter: Emilian Tarta, 2. Ritter: Ioan Logrea; Ritter: Farid Ashmawy, Helmut Pseiner, Erik Göller, Kevin Lewin, Marek Ustaszewski, Gerald Staberl

Maurice Ravel: Die spanische Stunde
Musikalische Leitung: Jean Perisson; Inszenierung: Peter Lotschak; Bühne: Frieder Klein; Kostüme: Ronny Reiter
Concepcion: Fran Lubahn; Gonzalvo: Ernst-Dieter Suttheimer; Torquemada: Erich Klaus; Ramiro: Oscar Czerwenka; Don Inigo Gomez: Rolf Polke

14. Oktober 1978 (Uraufführung, „steirischer herbst '78")
Peter Daniel Wolfkind/Ivan Eröd: Orpheus ex machina
Musikalische Leitung: Ernst Märzendorfer; Inszenierung: Federik Mirdita; Bühne: Jörg Koßdorff; Kostüme: Hanna Wartenegg; Choreinstudierung: Ernst Rosenberger; Pantomime: Rolf Scharre
Kolander: Ernst-Dieter Suttheimer; Frau Kolander: Nelly Ailakowa; Theaterdirektor: Richard Best; Assistent: Richard Ames; Eurydike: Eva-Maria Barta; Mänaden (Stimmen): Sue Patchell, Edith Gruber, Erni Tögl; Mänaden (Pantomimen): Mareike Dietze, Angelika Blaser, Ruth Haida; Die Puppe Orpheus: Walter Bartussek

18. November 1978
My Fair Lady
Musical nach Bernard Shaws „Pygmalion" und dem Film von Gabriel Pascal; Buch: Alan Jay Lerner; Musik: Frederick Loewe
Musikalische Leitung: Walter Goldschmidt; Inszenierung: Edwin Zbonek; Bühne: Wolfram Skalicki; Kostüme: Hanna Wartenegg; Choreinstudierung: Ernst Rosenberger; Choreographie: Linda Papworth
Mrs. Eynsford-Hill: Elli Schneider; Eliza Doolittle: Elisabeth Kales; Freddy Eynsford-Hill: Peter Karner; Oberst Pickering: Josef Kepplinger; Zuschauer: Erhard Schultze; Henry Higgins: Peter Minich; Mann aus Selsey: Wolfgang Bresch; Mann aus Hoxton: Leopold Ruff; 1. Obsthändler: Hans Becker; 2. Obsthändler: Laszlo

Modos; 3. Obsthändler: Rudolf Jan; 4. Obsthändler: Franz Koinegg; Kneipenwirt Georg: Josef Musger; Harry: Wilhelm Eyberg-Wertenegg; Jamie: Jakob Glashüttner; Alfred P. Doolittle: Herbert Prikopa; Mrs. Pearce: Hanna Lussnigg; Butler: Bruno Krebs; Dienstmädchen: Roswitha Leski-Posch, Renate Brantl; Mrs. Higgins: Ria Schubert; Lord Boxington: Hans Kien; Lady Boxington: Roswitha Scholler; Polizist: Hermann Schulz; Blumenmädchen: Petra Mayer-Zick; Zoltan Karpathy: Karl-Heinz Drobesch; Königin von Transsylvanien: Erika Roth; Prinzgemahl: Eustratios Filippopoulos; Mrs. Higgins Zofe: Waltraud Dietmaier; Lakai: Wilhelm Eyberg-Wertenegg; Mrs. Hoppkins: Josefine Saidula

10. Februar 1979
Bela Bartók: Herzog Blaubarts Burg
Musikalische Leitung: Miklós Lukács; Inszenierung: András Mikó; Bühne: Gábor Forrai; Kostüme: Tivadar Mark
Judith: Sue Patchell; Herzog Blaubart: James Johnson

Bela Bartók: Der wunderbare Mandarin
Musikalische Leitung: Wolfgang Bozić; Inszenierung und Choreographie: Waclaw Orlikowsky; Bühne: Jörg Koßdorff; Kostüme: Ronny Reiter
1. Rocker: Emilian Tarta; 2. Rocker: Ioan Logrea; 3. Rocker: Farid Ashmawy; Das Mädchen: Vesna Butorac-Blace; Jüngling: Kevin Lewin; Kavalier: Erik Göller; Der Mandarin: Damir Novak

24. Februar 1979
Franz Lehár: Der Graf von Luxemburg
Musikalische Leitung: Walter Goldschmidt; Inszenierung und Choreographie: Waclaw Orlikowsky; Bühne: Jörg Koßdorff; Kostüme: Ronny Reiter; Choreinstudierung: Ernst Rosenberger
Fürst Basil Basilowitsch: Willy Popp; Gräfin Stasa Kokozow: Erika Schubert; Baron Pawel Pawlowitsch: Jakob Glashüttner; Baron Sergej Mentschikoff: Wilhelm Eyberg-Wertenegg; Jules Pélégrin: Friedemann Hanke; René, Graf von Luxemburg: Jozsef Kovacs; Angèle Didier: Birgit Pitsch-Sarata; Juliette Vermont: Elisabeth Kales; Armand Brissard: Peter Karner; Anatol Saville: Zoltan Császár; Charles Lavigne: Bruno Krebs; Fernand Parasol: Josef Kepplinger; François: Harald Habjanic; Verehrer von Juliette: Stephan Donaczy

Cy Coleman,
Sweet Charity (1987).

Bild links:
W. A. Mozart,
Don Giovanni (1987).
Louis Otey in der Titelrolle.

Jacques Offenbach, Hoffmanns Erzählungen (1987). Freda McNair als Olympia.

10. März 1979 (konzertante Aufführung in französischer Sprache)
Gustave Charpentier: Louise
Musikalische Leitung: Peter Schrottner; Bühnenbildnerische Gestaltung: Wolfram Skalicki; Choreinstudierung: Ernst Rosenberger; Kinder- und Jugendchor: Marcel de Marbaix
Sprecher: Peter Uray; Louise: Fran Lubahn; Julien: David Sundquist; Louises Mutter: Sharon Moore; Louises Vater: James Johnson; Maler: Peter Karner; Bildhauer: Ludovic Konya; Chansonnier: Jozsef Kovacs; Student: Jakob Glashüttner; Junger Dichter: Hans Becker; Philosoph: Friedemann Hanke; Lehrling: Franz Koinegg; Straßenhändler: Wilhelm Eyberg-Wertenegg; Kleiderhändler: Josef Kepplinger; Verkäuferin: Roswitha Leski-Posch; Blanche: Olga Voll; Elise: Helga Wildhaber; Gertrude: Gundel Jabornik; Marguerite: Barbara Falk; Irma: Dorit Hanak; Camilla: Marlis Rappold; Lehrmädchen: Ruth Reichenebner; Suzanne: Erni Tögl; Madeleine: Gabriele Rajnai; Vorarbeiterin: Erika Schubert; Narrenpapst: Ernst-Dieter Suttheimer; Lumpensammler: Rolf Polke; Marchande de Mouron: André Fournier

7. April 1979 (in italienischer Sprache)
Giacomo Puccini: Turandot
Musikalische Leitung: Nikša Bareza; Inszenierung: Karl Heinz Drobesch; Bühne: Wolfram Skalicki; Kostüme: Ronny Reiter; Choreinstudierung: Ernst Rosenberger; Leitung des Kinder- und Jugendchores: Marcel de Marbaix
Turandot: Franca Forgiero; Altoum: Erich Klaus; Timur: Friedemann Hanke; Kalaf: Barry Morell; Liù: Fran Lubahn; Ping: David Pittman-Jennings; Pang: Juraj Hurny; Pong: Ernst-Dieter Suttheimer; Mandarin: Ludovic Konya

5. Mai 1979 (Grazer Erstaufführung)
Sergej Prokofjew: Romeo und Julia
Musikalische Leitung: Wolfgang Bozić; Inszenierung und Choreographie: Waclaw Orlikowsky; Bühne: Wolfram Skalicki; Kostüme: Lotte Pieczka
Escalus: Peter Karner; Graf Paris: Farid Ashmawy; Mercutio: Ioan Logrea; Graf Capulet: Josef Kepplinger; Gräfin Capulet: Elisabeth Gombkötö; Julia: Vesna Butorac-Blace; Tybalt: Marin Turcu; Amme Julias: Erika Schubert; Graf Montague: Bruno Krebs; Gräfin Montague: Elli Schneider; Romeo: Emilian Tarta; Benvolio: Kevin Lewin; Kurtisane: Petra Mayer-Zick; Rosalinde: Friederike Schwarz; Bruder Lorenzo: Erik Göller; Bruder Marcus: Ferdinand Moritz; Page des Paris: Michael Seifert

30. Juni 1979
Friedrich von Flotow: Martha oder Der Markt zu Richmond
Musikalische Leitung: Wolfgang Bozić; Inszenierung: Murray Dickie; Bühne: Frieder Klein; Kostüme: Ronny Reiter; Choreinstudierung: Ernst Rosenberger
Lady Harriet Durham: Fran Lubahn; Nancy: Sharon Moore; Lyonel: Juraj Hurny; Plumkett: Richard Best; Lord Tristan Mickleford: Zoltan Császár; Richter: Wilhelm Eyberg-Wertenegg; 1. Magd: Gabriele Rajnai; 2. Magd: Renate Brantl;
3. Magd: Eustratios Filipoppoulos;
1. Pächter: Rudolf Jan; 2. Pächter: Hans Becker; 1. Diener: Richard Brantner; 2. Diener: Karl Titsch; 3. Diener: Franz Koinegg

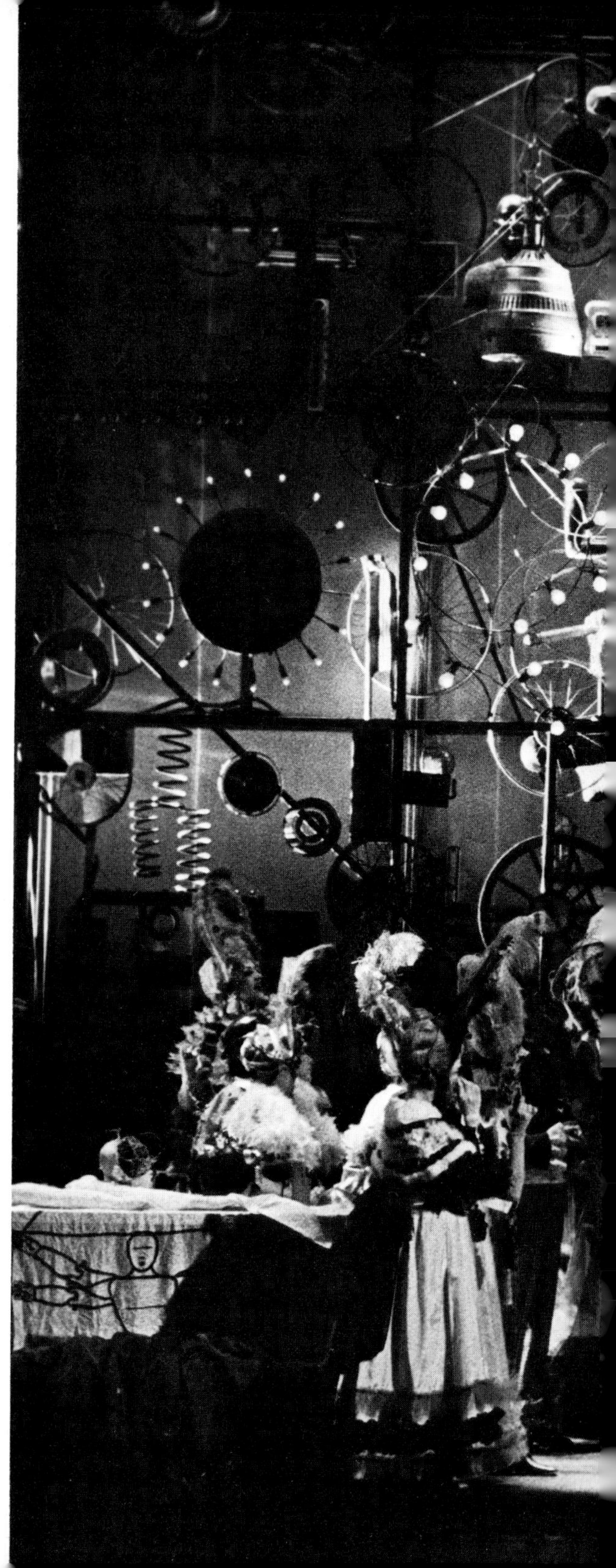

W. A. Mozart, Don Giovanni (1987). Manfred Hemm, Louis Otey, Gabriele Lechner.

SPIELZEIT 1979/80

5. Oktober 1979 (in italienischer Sprache)
Giuseppe Verdi: Un ballo in maschera
Musikalische Leitung: Wolfgang Bozić; Inszenierung: Horst Zander; Bühne: Wolfram Skalicki; Kostüme: Ronny Reiter; Choreinstudierung: Ernst Rosenberger; Choreographie: Erika Grum
Gustav III., König von Schweden: Corneliu Murgu; René Graf Anckarström: Ludovic Konya; Amelia: Pamela Mann; Ulrica Arvedson: Katalina Seregelly; Oscar: Annemarie Zeller; Sylvano: Wilhelm Eyberg-Wertenegg; Graf Horn: Richard Best; Graf Ribbing: Friedemann Hanke; Richter: Klaus Ofczarek; Diener: Franz Koinegg

31. Oktober 1979 (Schauspielhaus, deutschsprachige Erstaufführung)
Bruno Bjelinski: Die Biene Maja (Kinderoper)
Musikalische Leitung: Ernst Rosenberger; Inszenierung: Uta Werner; Ausstattung: Hanna Wartenegg; Choreinstudierung: Ernst Rosenberger; Choreographie: Erik Göller; Kinder- und Jugendchor: Marcel de Marbaix
Maja: Diana Bennett; Kassandra: Erika Schubert; Arbeitsbienen und Fliegen: Renate Brantl, Waltraud Dietmaier, Christa Gauby, Margarete Machhammer, Ruth Reichenebner, Roswitha Scholler, Brigitte Ribitsch, Sophie Wastian; Wache: Karl Titsch; Peppi, der Rosenkäfer: Jozsef Kovacs; Hans Christoph von Brummer-Brummer: Wilhelm Eyberg-Wertenegg; Frosch: Richard Best; Libelle: Gabriele Rajnai; Kurt, der Mistkäfer: Friedemann Hanke; Echo: Karl Titsch; Grille: Dorit Hanak; Grashüpfer: Ernst-Dieter Suttheimer; Puck, die Fliege: Roswitha Leski-Posch; Spinne: Fran Lubahn; Hannibal, der Weberknecht: Ludovic Konya; Hulda, der Tausendfüßler: Gundel Jabornik; Hornisse: Zoltan Császár; Hornissen: Richard Brantner, Wolfgang Bresch, Rene Eibinger, Eustratios Filippopoulos, Rudolf Jan, Franz Koinegg, Janko Lapuh, Alexander Posch; Hornissen-Hauptmann: Richard Best; Bienenkönigin: Erika Schubert; Sumsi: Uschi Plautz; Willi: Ernst Prassel
Kinderchor und -ballett der Vereinigten Bühnen

17. November 1979
Paul Burkhard: Feuerwerk
Musikalische Leitung: Walter Goldschmidt; Inszenierung und Choreographie: Waclaw Orlikowsky; Bühne: Frieder Klein; Kostüme: Hanna Wartenegg; Choreinstudierung: Sándor Kósa
Albert Oberholzer: Josef Kepplinger; Karline: Edith Gruber; Anna: Felicitas Morawitz; Kati: Olga Voll; Fritz Oberholzer: Klaus Ofczarek; Berta: Erni Tögl; Gustav Oberholzer: Willy Popp; Paula: Marianne Kopatz; Heinrich Oberholzer: Günther Lackner; Lisa: Hanna Lussnigg; Alexander Oberholzer, genannt Obolski: Jürgen Wilke; Iduna: Else Kalista; Robert Fischer: Peter Karner; Stallbursche: Helmut Pseiner; Manegendiener: Heinz Brunner; Das Pony „Jonny“: Denise Pollock; Indianer: Emilian Tarta, Ioan Logrea, Farid Ashmawy, Vasile Sas; Clowns: Kevin Lewin, Simon Ginsberg

23. Dezember 1979
Johann Strauß: Die Fledermaus
Musikalische Leitung: Walter Goldschmidt; Inszenierung: Karl Heinz Drobesch; Bühne: Jörg Koßdorff; Kostüme: Ronny Reiter; Choreinstudierung: Ernst Rosenberger; Choreographie: Ioan Farcas
Gabriel von Eisenstein: Wolfgang Siesz; Rosalinde: Tamar Rachum; Frank: Friedemann Hanke; Prinz Orlofsky: Edith Gruber; Alfred: David Sundquist; Dr. Falke: Wilhelm Eyberg-Wertenegg; Dr. Blind: Klaus Ofczarek; Adele: Felicitas Morawitz; Ida: Diana Bennett; Frosch: Fritz Holzer

3. Februar 1980
Gaetano Donizetti: Don Pasquale
Musikalische Leitung: Wolfgang Bozić; Inszenierung: Horst Bonnet; Bühne: Frieder Klein; Kostüme: Hanna Wartenegg; Choreinstudierung: Ernst Rosenberger
Don Pasquale: Richard Best; Malatesta: Wilhelm Eyberg-Wertenegg; Ernesto: David Sundquist; Norina: Fran Lubahn; Carlotto: Erich Klaus

5. Februar 1980 (österreichische Erstaufführung)
Peter Fenyes/Serge Veber: Ehe in Paris
Musikalische Leitung: Stefan Kouba; Inszenierung: Horst Zander; Ausstattung: Hans Michael Heger; Choreographie: Elena Stieder
Ferdinand Dubreux: Peter Karner; Frederic Dubreux: Willy Paul; Madeleine Dubreux: Else Kalista; Christine: Felicitas Morawitz; Antoine: Horst Zander; Madame Tabry: Erika Schubert

22. März 1980 (Grazer Erstaufführung)
Georg Friedrich Händel: Alcina
Musikalische Leitung: Wolfgang Rot; Inszenierung: Harry Kupfer; Bühne: Wolfgang Gussmann; Kostüme: Reinhard Heinrich; Choreinstudierung: Ernst Rosenberger
Alcina: Nelly Ailakowa; Ruggiero: David Sundquist; Morgana: Annemarie Zeller; Bradamante: Sharon Moore; Oronte: Juraj Hurny; Melisso: James Johnson; Oberto: André Fournier

27. April 1980
Wolfgang Amadeus Mozart: Die Zauberflöte
Musikalische Leitung: Ernst Märzendorfer; Inszenierung und Ausstattung: Ekkehard Grübler; Choreinstudierung: Ernst Rosenberger; Kinder- und Jugendchor: Marcel de Marbaix; Choreographie: Elisabeth Gombkötö
Sarastro: Kurt Rydl; Tamino: Juraj Hurny; Sprecher: James Johnson; 1. Priester: Klaus Ofczarek; 2. Priester: Wilhelm Eyberg-Wertenegg; Königin der Nacht: Eva-Maria Barta; Pamina: Fran Lubahn; 1. Dame: Piroska Vargha; 2. Dame: Sharon Moore; 3. Dame: Erni Tögl; Papageno: Wolfgang Müller-Lorenz; Papagena: Felicitas Morawitz; Monostatos: Ernst-Dieter Suttheimer; 1. geharnischter Mann: José Maria Perez; 2. geharnischter Mann: Richard Best; Drei Knaben; Daniela Zwettler, Barbara Schlacher, Gabi Hiedl

29. Juni 1980 (Grazer Erstaufführung)
Antonin Dvořák: Der Jakobiner
Musikalische Leitung: Nikša Bareza; Inszenierung: Karl Heinz Drobesch; Bühne: Zbynek Kolar; Kostüme: Hanna Wartenegg/ Jan Skalicki; Choreinstudierung: Ernst Rosenberger; Kinder- und Jugendchor: Marcel de Marbaix
Graf von Harasov: Richard Best; Bohuš: Wolfgang Müller-Lorenz; Adolf: James Johnson; Julia: Piroska Vargha; Filip: Friedemann Hanke; Jiři: Miroslav Svejda; Benda: Ernst-Dieter Suttheimer; Terinka: Fran Lubahn; Lotinka: Erika Schubert

SPIELZEIT 1980/81

4. Oktober 1980 (in italienischer Sprache)
Giuseppe Verdi: Nabucco
Musikalische Leitung: Gianfranco Masini; Inszenierung: Hans Hartleb; Ausstattung: Annelies Corrodi; Choreinstudierung: Ernst Rosenberger
Nabucco: Franco Bordoni; Zaccaria: Carlo Zardo; Ismaele: Constantin Zaharia; Abigaille: Laila Andersson; Fenena: Sharon Moore; Oberpriester der Babylonier: Richard Best; Abdallo: Hans Holzmann; Rahel: Annemarie Zeller

Jacques Offenbach, Hoffmanns Erzählungen (1987). Richard Ames und Bengt Norup.

Friedrich Cerha, Der Rattenfänger (1987). Peter Lindroos in der Titelrolle.

19. Oktober 1980 (Grazer Congress, österreichische Erstaufführung, „steirischer herbst '80")
Wolfgang Rihm: Jakob Lenz
Musikalische Leitung: Wolfgang Bozić; Inszenierung: Emil Breisach; Ausstattung: Jörg Koßdorff; Kinder- und Jugendchor: Marcel de Marbaix
Jakob: Wolfgang Müller-Lorenz; Oberlin: Richard Best; Kaufmann: Ernst-Dieter Suttheimer; Stimmen: Annemarie Zeller (Sopran), Barbara Falk (Sopran), Elisabeth Zemann (Sopran), Renate Brantl (Alt), Jutta Geister (Alt), Michael Czerny (Baß), Johann Werner Prein (Baß); Kinderstimmen: Susanne Dudas, Alexandra Molnar, André Fournier, Henrik de Marbaix; Ein Kind: Beatrix Molnar
Pro-Arte-Orchester, Graz

20. Oktober 1980 (in französischer Sprache)
Claude Debussy: Pelléas et Mélisande
Musikalische Leitung: Stefan Soltesz; Inszenierung: André Diehl; Szenische Mitarbeit: Horst Zander; Bühne: Wolfram Skalicki; Kostüme: Amrei Skalicki; Choreinstudierung: Ernst Rosenberger
Arkel: Friedemann Hanke; Geneviève: Erni Tögl; Pelléas: Philip Gelling; Golaud: James Johnson; Mélisande: Fran Lubahn; Der kleine Yniold: Dunja Spruk; Arzt: Zoltan Császár

26. Oktober 1980 (Grazer Erstaufführung, „steirischer herbst '80")
Ernst Křenek: Johnny spielt auf
Musikalische Leitung: Ernst Märzendorfer; Inszenierung: Axel Corti; Bühne: Frieder Klein; Kostüme: Xenia Hausner; Choreinstudierung: Ernst Rosenberger; Choreographie: Linda Papworth; Pantomimische Choreographie: Rolf Scharre
Der Komponist Max: Reiner Goldberg; Die Sängerin Anita: Nelly Ailakowa; Der Neger Jonny: Allen Evans; Der Violinvirtuose Daniello: Ludovic Konya; Das Stubenmädchen Yvonne: Felicitas Morawitz; Der Manager: Johann Werner Prein; Der Hoteldirektor: Richard Ames; Bahnangestellter: Josef Kepplinger; 1. Polizist: Jakob Glashüttner; 2. Polizist: Wilhelm Eyberg-Wertenegg; 3. Polizist: Zoltan Császár

22. November 1980 (Uraufführung der Neufassung)
Robert Stolz: Eine einzige Nacht
Musikalische Leitung: Johannes Fehring; Inszenierung und Choreographie: Waclaw Orlikowsky; Bühne: Frieder Klein; Kostüme: Hanna Wartenegg; Choreinstudierung: Ernst Rosenberger
Wurstfabrikant Fichtelmüller: Willy Millowitsch; Markus: Josef Kepplinger; Baronin: Lotte Marquardt; Lony – Susanne Lind: Birgit Pitsch-Sarata; Alex Wagner: Harald Serafin; Wolfgang Schöberl:

Peter Karner; Mali: Cissy Kraner; Daisy: Felicitas Morawitz; Stargast: Peter Minich; Jack: John Waddell; Charly: Charles Williams

21. Dezember 1980
Richard Strauss: Salome
Musikalische Leitung: Wolfgang Bozić; Inszenierung: Regina Resnik; Ausstattung: Arvit Blatas; Choreographie: Elise Englund
Herodes: Richard Ames; Herodias: Olga Szönyi; Salome: Laila Andersson; Jochanaan: James Johnson; Narraboth: David Sundquist; Page der Herodias: Sharon Moore; 1. Jude: Ernst-Dieter Suttheimer; 2. Jude: Klaus Ofczarek; 3. Jude: Jakob Glashüttner; 4. Jude: Erich Klaus; 5. Jude: Johann Werner Prein; 1. Nazarener: Richard Best; 2. Nazarener: Hans Holzmann; 1. Soldat: Friedemann Hanke; 2. Soldat: Zoltan Császár; Cappadocier: András Bognar; Sklave: Roswitha Leski-Posch

1. Februar 1981
Richard Wagner: Tristan und Isolde
Musikalische Leitung: Adam Fischer; Inszenierung: Paul Hager; Bühne: Wolfram Skalicki; Kostüme: Amrei Skalicki; Choreinstudierung: Ernst Rosenberger
Tristan: Pentti Perksalo; König Marke: Friedemann Hanke; Isolde: Janice Yoes; Kurwenal: Gottfried Hornik; Melot: Wolfgang Müller-Lorenz; Brangäne: Marjana Lipovsek; Hirte: Richard Ames; Steuermann: Wilhelm Eyberg-Wertenegg; Stimme eines jungen Seemanns: Hans Holzmann

8. März 1981 (österreichische Erstaufführung)
Casanova
Musical von Helmut Bez und Jürgen Degenhardt; Musik: Gerd Natschinski; Musikalische Leitung: Peter Falk; Inszenierung und Choreographie: Irene Mann; Bühne: Frieder Klein; Kostüme: Gloria Berg; Choreinstudierung: Ernst Rosenberger
Giacomo Casanova: Wolfgang Siesz; Abt: Kurt Sterneck; Andrea Memmo: Hans Holzmann; Bernardo Memmo: Wilhelm Eyberg-Wertenegg; Manuzzi: Erich Klaus; Magdalena: Heide Stahl; Catarina Capretta: Annemarie Zeller; Abbé de Bernis: Kurt Sterneck; Lorenzo: Josef Kepplinger; Capretta: Rolf Polke; Marquise d'Urfe: Hanna Lussnigg; Duverney: Thomas Tarjan; Calsabigi: Erich Klaus; Marianna: Felicitas Morawitz; Clairmont: Peter Karner; Passano: Klaus Ofczarek; Mary Ann: Else Kalista; Tante der Mary Ann: Ria Schubert; Lord Pembroke: Kurt Sterneck; Großmutter der

Matinee zum „Rattenfänger" in der Wiener Staatsoper (1987). Frieda Parmeggani, Herbert Kappelmüller, Hans Hollmann, Marcel Prawy.

Giacomo Puccini, Tosca (1987). Wolfgang Müller-Lorenz als Cavaradossi.

Mary Ann: Trude Rendnil; Jerome: Klaus Ofczarek; Fielding: Josef Kepplinger; Friedrich II.: Erik Göller; Teresa Casacci: Fran Lubahn; Branicki: Rolf Polke; Tomatis: Thomas Tarjan; Bininski: Zoltan Császár; Poninski: Richard Brantner; Anna: Diana Bennett; Madame de Pompadour: Ingeborg Krobath; Chevalier d'Arginy: Josef Janko; Soldat: Gerd Ribitsch; Zeitungsausrufer: Günther Schmidt; Offizier: Rudolf Jan; Mädchen: Heidi Loidl; Polizeichef: Alexander Posch; Kommissar: Zoltan Galamb; Kutscher: Hermann Schulz; Straßenmädchen: Ingeborg Krobath, Helga Schwarz, Ruth Harteck; Bürgerin: Erika Grum; Unternehmer: Jakob Glashüttner, Franz Koinegg, Bruno Krebs, Wolfgang Bresch, Andras Bognar, Richard Brantner; Fechter: Christian Ruck, Robert Ceeh, Stephan Hoffmann, Siegfried Kometter

15. April 1981
Carl Orff: Die Kluge
Musikalische Leitung: Janos Petro; Inszenierung: Edwin Zbonek; Bühne: Roswitha Meisel; Kostüme: Hanna Wartenegg
König: Benno Kusche; Bauer: Drago Ognjanovic; Des Bauern Tochter: Eva-Maria Barta; Kerkermeister: Zoltan Császár; Mann mit dem Esel: Erich Klaus; Mann mit dem Maulesel: Rolf Polke; 1. Strolch: Ernst-Dieter Suttheimer; 2. Strolch: Günther Lackner; 3. Strolch: Richard Best

Johann und **Josef Strauß: Wiener G'schichten**
Musikalische Leitung: Walter Goldschmidt; Inszenierung und Choreographie: Waclaw Orlikowsky; Bühne: Frieder Klein; Kostüme: Lotte Pieczka
Mädchen: Adelheid Stenzel; Knabe: Lalita Pershad; Gouvernante: Helga Schwarz; Konditor: Gerald Staberl; Hofschauspielerin: Maja Srbljenovic; Verehrer: Tamas Schubert; Autogrammjägerinnen: Ruth Harteck, Florentina Sfetcu; Alter Graf: Ludwig Sokol; Ballerina der Hofoper: Vesna Butorac-Blace: Kavalier: Emilian Tarta; Mäzen: Farid Ashmawy; Impressario: Simon Ginsberg; Blumenverkäuferin: Denise Pollock; Herr in Grau: Ioan Logrea; Modell: Kendell Cameron; Maler: Christian Vancea; Dame in Grün: Rodica Pascu; Leutnants: Robert Ungvari, Daniel Zander; Witwe: Isabelle Saunders; Kürassier-Major: Andras Kurta; Prater-Varietétheaterdirektor: Marin Turcu; Varietétänzerinnen: Beth Fritz, Christine Strickland; Artist aus dem Fernen Osten: Elisabeth Gombkötö; Artist aus dem Süden: Erika Grum; Mister Universum: Manfred Grössler; Stern des Varieté: Linda Papworth; Clowns: Michelle Babicci, Marina Bregant; Gendarm: Hermann Schulz; Clochard: Ferdinand Moritz; Nachtwächter: Josef Musger

31. Mai 1981
Emerich Kálmán: Gräfin Mariza
Musikalische Leitung: Walter Goldschmidt; Inszenierung und Choreographie: Waclaw Orlikowsky; Bühne: Wolfram Skalicki; Kostüme: Hanna Wartenegg; Choreinstudierung: Ernst Rosenberger
Gräfin Mariza: Zsuzsa Domonkos; Fürst Moritz Dragomir Populescu: Klaus Ofczarek; Baron Koloman Szupan: Ernst-Dieter Suttheimer; Graf Tassilo Endrödy-Wittenburg: Jozsef Kovacs; Lisa: Marianne Becker; Fürstin Bozena Cuddenstein zu Chlumetz: Erika Schubert; Penizek: Willy Popp; Karl Stephan Liebenberg: Horst Zander; Manja: Erni Tögl; Tschekko: Bruno Krebs; Ilka von Dambössy: Erika Grum; Berko: René Eibinger

Giacomo Puccini, Tosca (1987). Ludovic Konya als Scarpia.

4. Juli 1981 (in italienischer Sprache)
Giacomo Puccini: La Bohème
Musikalische Leitung: Wolfgang Bozić; Inszenierung: Horst Zander; Bühne: Otto Werner Meyer; Kostüme: Lotte Pieczka/Gerhard Schoberwalter; Choreinstudierung: Ernst Rosenberger; Kinder- und Jugendchor: Marcel de Marbaix
Rodolfo: Juraj Hurny; Marcello: Ludovic Konya; Schaunard: Wilhelm Eyberg-Wertenegg; Colline: Friedemann Hanke; Mimi: Fran Lubahn; Musetta: Felicitas Morawitz; Benoit: Hanns Heger; Parpignol: Jakob Glashüttner; Alcindor: Josef Kepplinger; Sergeant: Zoltan Galamb; Zöllner: Richard Brantner

SPIELZEIT 1981/82

17. Oktober 1981 (österreichische Erstaufführung der dreiaktigen Fassung, „steirischer herbst '81")
Alban Berg: Lulu
Instrumentation und Ergänzung des 3. Aktes von Friedrich Cerha
Musikalische Leitung: Friedrich Cerha; Inszenierung: Hans Hollmann; Bühne: Wolfgang Mai; Kostüme: Hanna Wartenegg
Lulu: Ursula Reinhardt-Kiss; Gräfin Geschwitz: Doris Soffel; Theatergarderobiere – Mutter: Edith Gruber; Gymnasiast – Groom: Sharon Moore; Medizinalrat – Professor: Thomas Tarjan; Maler – Neger: José Maria Perez; Dr. Schön – Jack: Hans Helm; Alwa: Jean van Ree; Tierbändiger: Wolfgang Müller-Lorenz; Athlet: Ludovic Konya; Schigolch: Friedemann Hanke; Prinz – Kammerdiener – Marquis: Ernst-Dieter Suttheimer; Theaterdirektor – Bankier: Nandor Tomory; Polizeikommissär: Alexander Posch; Fünfzehnjährige: Dunja Spruk; Kunstgewerblerin: Roswitha Leski-Posch; Journalist: Wilhelm Eyberg-Wertenegg; Diener: Zoltan Császár

1. November 1981 (Schauspielhaus, Redoutensaal, Uraufführung, „steirischer herbst '81")
Gösta Neuwirth/Wolfgang Rihm/Georg Haas/Anton Prestele: Wölfli-Szenen
Montage von Hans-Jochen Irmer
Musikalische Leitung: Wolfgang Bozić; Inszenierung: Christian Pöppelreiter; Künstlerische Mitarbeit: Hans-Jochen Irmer; Bühnenbild: Jörg Koßdorff; Kostüme: Michaela Mayer
Der alte Wölfli: Richard Ames; Der junge Wölfli: Wolfgang Müller-Lorenz; Wölfli, 26 Jahre alt: Oliver Stern; Das Kind Wölfli: Nikolaus Bachler; Irrenwärter: Rolf Polke; Kunsthändler: Kurt Hradek; Gemeindevorsteher: Peter Karner; Bauer: Hans Holzmann; Vater Wölfli: Peter Neubauer; Mutter Wölfli: Gudrun Trücher; Gritt: Isabella Archan; Eva – Maria: Brigitte Hubmer; Drei Polizisten: Rolf Polke, Peter Karner, Hans Holzmann; Landesverräter: Paul Flieder; Tischler: Hans Oechs
Rockgruppe „Rosi lebt"

3. November 1981
Broadway Show
Choreographie: Linda Papworth, John Waddell, Charles Williams; Arrangement und musikalische Leitung: Michael Thatcher; Bühne: Jörg Koßdorff; Kostüme: Lotte Pieczka
John Waddell, Charles Williams, Isabelle Saunders, Diana Ungureanu, Beth Fritz, Christine Strickland, Simon Ginsberg, Andras Kurta, Tamas Schubert, Kevin Lewin, Linda Papworth, Ioan Logrea, Emilian Tarta, Christian Vancea

28. November 1981 (Uraufführung, „steirischer herbst '81")
Sergej Prokofjew: Maddalena
Musikalische Leitung: Edward Downes; Inszenierung: Jorge Lavelli; Bühne: Jörg Koßdorff; Kostüme: Michaela Mayer; Choreinstudierung: Ernst Rosenberger
Maddalena: Nancy Shade; Gennaro: Ryszard Karczykowski; Stenio: James Johnson; Gemma: Annemarie Zeller; Romeo: Hans Holzmann

(Österreichische Erstaufführung, „steirischer herbst '81")
Iwan der Schreckliche
Szenisches Oratorium von Sergej Prokofjew; Text von Sergej Eisenstein; Liedertexte von Wladimir Lugowskoj; Szenische Fassung für Graz von Ekkehard Schönwiese
Musikalische Leitung: Nikša Bareza; Inszenierung: Jorge Lavelli; Bühne: Jörg Koßdorff; Kostüme: Michaela Mayer; Choreinstudierung: Ernst Rosenberger; Kinder- und Jugendchor: Marcel de Marbaix
Iwan: Oliver Stern; Erzähler: Robert Remmler; Altsolo: Sharon Moore; Baßsolo: Friedemann Hanke; Tänzer: Emilian Tarta

20. Dezember 1981 (in italienischer Sprache)
Giacomo Puccini: Manon Lescaut
Musikalische Leitung: Nikša Bareza; Inszenierung: Giulio Chazalettes; Ausstattung: Ulisse Santicchi; Choreinstudierung: Ernst Rosenberger
Manon Lescaut: Nancy Shade; Lescaut, ihr Bruder: Ludovic Konya; Chevalier Renato Des Grieux: Wahan Mirakyan; Geronte de Ravoir: Richard Best; Edmond: Juraj Hurny; Wirt: Zoltan Császár; Musiker: Ingeborg Krobath; Ballettmeister: Ernst-Dieter Suttheimer; Lampenanzünder: Erich Klaus; Sergeant der Bogenschützen: Johann Werner Prein; See-Kapitän: Zoltan Császár

24. Jänner 1982
Paul Abraham: Die Blume von Hawaii
Musikalische Leitung: Walter Goldschmidt; Inszenierung und Choreographie: Waclaw Orlikowsky; Bühne: Frieder Klein; Kostüme: Hanna Wartenegg; Choreinstudierung: Thomas Volk
Laya: Andrea Zsadon; Lilo-Taro: Wolfgang Siesz; Bessie Worthington: Felicitas Morawitz; Jim Boy: Sandor Nemeth; John Buffy: Peter Karner; Raka: Marianne Becker; Reginald Harald Stone: Jozsef Kovacs; Lloyd Harrison: Josef Kepplinger; Kanako Hilo: Nandor Tomory; Kaluna: Wilhelm Eyberg-Wertenegg; Leutnant Sunny Hill: Jakob Glashüttner; Bobbie Flipps: Kevin Lewin; Suzanne Provence: Andrea Zsadon;
Perroquet: Sepp Trummer

20. Februar 1982
Gaetano Donizetti: Der Liebestrank
Musikalische Leitung: Nikša Bareza; Inszenierung und Bühnenbild: Christian Pöppelreiter; Kostüme: Lotte Pieczka; Choreinstudierung: Ernst Rosenberger
Adina: Fran Lubahn; Nemorino: Juraj Hurny; Belcore: Jozsef Nemeth; Dulcamara: Ludovic Konya; Gianetta: Felicitas Morawitz; Alte: Gudrun Trücher; Notar – Soldat: Harald Milbradt; Trompeter: Franz Eckhard/Konrad Monsberger

20. März 1982 (Grazer Erstaufführung)
Rodion Schtschedrin nach **Georges Bizet: Carmen**
Musikalische Leitung: Wolfgang Bozić; Inszenierung und Choreographie: Waclaw Orlikowsky; Bühne: Wolfram Skalicki; Kostüme: Lotte Pieczka
Carmen: Vesna Butorac-Blace; José: Ludwig Karl; Torero: Marin Turcu; Tod: Maja Srbljenovic; Schmuggler: Kendell Cameron, Beth Fritz, Lalita Pershad, Denise Pollock-Lewin, Andras Kurta, Kevin Lewin, Ioan Logrea, Tamas Schubert; Zigarettenmädchen: Kendell Cameron, Beth Fritz, Erika Grum, Denise Pollock-Lewin, Isabelle Saunders; Caballeros: Farid Ashmawy, Simon Ginsberg, Andras Kurta, Kevin Lewin, Christian Loghin, Ioan Logrea, Tamas Schubert, Christian Vancea; Senoritas: Kendell Cameron, Beth Fritz, Ruth Harteck, Barbara Havlovec, Isabelle Saunders, Christine Strickland, Florentina Sfetcu, Andrea Wagner

A. J. Lerner / Frederich Loewe, Gigi (1987). Brigitte Miklauc und Peter Minich.

Frédéric Chopin, Les Sylphides (1988). Claudia Lechner.

Rudolf Kattnigg: Tarantella
Musikalische Leitung: Wolfgang Bozić; Inszenierung und Choreographie: Waclaw Orlikowsky; Bühne: Wolfram Skalicki; Kostüme: Lotte Pieczka
Signora Ciamponi: Kevin Lewin; Konditor Vittorio: Marin Turcu; Simonetta: Linda Papworth; Enrico: Emilian Tarta; Gina: Diana Ungureanu; Renato: Christian Loghin; Giovanna: Maja Srbljenovic; Elio: Ludwig Karl; Solo: Kendell Cameron, Beth Fritz, Ruth Harteck, Denise Pollock-Lewin, Isabelle Saunders, Christine Strickland, Farid Ashmawy, Simon Ginsberg, Andras Kurta, Ioan Logrea, Tamas Schubert, Christian Vancea

17. April 1982
Albert Lortzing: Der Wildschütz
Musikalische Leitung: Wolfgang Bozić; Inszenierung: Hans Hartleb; Spielleitung: Karl Heinz Drobesch; Bühne: Ita Maximovna; Kostüme: Ita Maximovna, Lotte Pieczka, Gerhard Schoberwalter; Choreinstudierung: Ernst Rosenberger; Kinder- und Jugendchor: Marcel de Marbaix
Graf von Eberbach: Wolfgang Müller-Lorenz; Gräfin: Erika Schubert; Baron Kronthal: Juraj Hurny; Baronin Freimann: Dorit Hanak; Nanette: Marlis Rappold; Baculus: Friedemann Hanke; Gretchen: Felicitas Morawitz; Pankratius: Erich Klaus;
Gast: Karl Titsch

13. Mai 1982 (konzertante Aufführung, in italienischer Sprache, Grazer Erstaufführung)
Giuseppe Verdi: I Lombardi alla prima crociata
Musikalische Leitung: Nikša Bareza; Choreinstudierung: Ernst Rosenberger
Grazer Philharmonisches Orchester
Arvino: José Maria Perez; Pagano: Ludovic Konya; Viclinda: Piroska Vargha; Giselda: Eva-Maria Barta; Pirro: James Johnson; Priore: Jakob Glashüttner; Acciano: James Johnson; Oronte: Juraj Hurny; Sofia: Piroska Vargha; Erzähler: Rainer Hauer

SPIELZEIT 1982/83

18. September 1982
Peter Iljitsch Tschaikowsky: Pique Dame
Musikalische Leitung: Nikša Bareza; Inspzenierung: Christian Pöppelreiter; Bühne: Jörg Koßdorff; Kostüme: Reinhard Heinrich; Choreographie: Linda Papworth; Chöre: Ernst Rosenberger; Kinder- und Jugendchor: Marcel de Marbaix
Hermann: Quade Winter; Graf Tomsky: James Johnson; Fürst Jeletzky: Jozsef Nemeth; Czekalinsky: Ernst-Dieter Suttheimer; Ssurin: Zoltan Császár; Tschaplitzky: Hans Holzmann; Narumow: Rolf Polke; Festordner: Thomas Tarjan; Gräfin: Martha Mödl; Lisa: Radmila Smiljanić; Polina: Sharon Moore; Gouvernante: Edith Gruber; Mascha: Annemarie Zeller; Der kleine Kommandeur: Gerold Sigle;
Personen des Zwischenspiels: Chloe: Radmila Smiljanić; Daphnis: Sharon Moore; Plutus: James Johnson

3. Oktober 1982
Johann Strauß: Wiener Blut
Musikalische Leitung: Walter Goldschmidt; Inszenierung: Edwin Zbonek; Bühne: Wolfram Skalicki; Kostüme: Ulrike B. Radichevich; Choreinstudierung: Thomas Volk; Choreographie: Christa Maurer-Kronegg
Fürst Ypsheim-Gindelbach: Josef Kepplinger; Balduin Graf Zedlau: Jozsef Kovacs; Gabriele, seine Frau: Anita Ammersfeld; Graf Bitowski: Hanns Heger; Franziska Cagliari: Marianne Becker; Kagler, ihr Vater: Herbert Prikopa; Pepi Pleininger: Felicitas Morawitz; Josef, Kammerdiener: Peter Karner; Kutscher: Willy Popp; Heurigen-Sängerinnen: Ingeborg Krobath, Maria Anna Stangl; Anna, Dienstmädchen: Birgit Amlinger; Ein Kellner: Rudolf Jan; Ein Deutschmeister: Karl Titsch; Ein Grenadier: Alexander Posch

14. November 1982
Francis Burt: Barnstable oder Jemand auf dem Dachboden
(österreichische Erstaufführung)
Musikalische Leitung: Wolfgang Bozić; Inszenierung: Oscar Fritz Schuh; Bühne: Hans-Ulrich Schmückle; Kostüme: Uta Wilhelm/Lotte Pieczka/Gerhard Schoberwalter;
Elektro-Akustische Klangregie: Peter Mechtler
Charles Carboy: Richard Ames; Daphne, seine Frau: Edith Gruber; Helene, seine Tochter: Ulrike Finder; Ehrwürden Peregrin Teeter: Ludovic Konya; Sandra, Dienstmädchen: Felicitas Morawitz

Michael Rot: Die Propheten (Uraufführung)
Musikalische Leitung: Wolfgang Rot; Inszenierung: Oscar Fritz Schuh; Bühne: Hans-Ulrich Schmückle; Kostüme: Leo Bei
Amtsdiener: Ernst-Dieter Suttheimer; Regent: Wolfgang Müller-Lorenz; Propheten: Günther Lackner, Nandor Tomory; Caspar: Annemarie Zeller; Melchior: Hans Holzmann; Balthasar: Zoltan Császár; Schauspielerin: Olga Voll

25. Dezember 1982 (in italienischer Sprache)
Giuseppe Verdi: Simon Boccanegra
Musikalische Leitung: Nikša Bareza; Inszenierung: Götz Fischer; Bühne: Frieder Klein; Kostüme: Hanna Wartenegg; Chöre: Ernst Rosenberger
Simon Boccanegra, erster Doge von Genua: Ferdinand Radovan; Maria Boccanegra, seine Tochter unter dem Namen Amelia Grimaldi: Piroska Vargha; Jacopo Fiesco, unter dem Namen Andrea: Kolos Kovacs; Gabriele Adorno, Edelmann aus Genua: Juraj Hurny; Paolo Albiani, bevorzugter Höfling des Dogen: James Johnson; Pietro, Höfling: Zoltan Császár; Hauptmann der Armbrustschützen: Hans Holzmann; Begleiterin Amelias: Roswitha Leski-Posch

13. Februar 1983 (österreichische Erstaufführung)
Richard Wagner: Das Liebesverbot oder Die Novize von Palermo
Musikalische Leitung: Nikša Bareza; Inszenierung: Christian Pöppelreiter; Bühne: Jörg Koßdorff; Kostüme: Reinhard Heinrich; Chöre: Ernst Rosenberger
Friedrich, Statthalter des Königs von Sizilien: Jozsef Dene; Luzio: Juraj Hurny; Claudio: Quade Winter; Antonio: Hans Holzmann; Angelo: Zoltan Császár; Isabella, Claudios Schwester: Nelly Ailakowa; Mariana, Friedrichs Gattin: Annemarie Zeller; Brighella, Chef der Sbirren: Nandor Tomory; Danieli, Gastwirt: Franz Hajtas; Dorella: Fran Lubahn; Pontio Pilato: Ernst-Dieter Suttheimer; Der kleine Clown: Andrea Wagner; Faktotum: Edith von der Hellen

19. Februar 1983 (Grazer Conress, Stefaniensaal)
Richard-Wagner-Konzert
Musikalische Leitung: Nikša Bareza; Choreinstudierung: Ernst Rosenberger;
Grazer Philharmonisches Orchester, Damenchor der Vereinigten Bühnen
Wesendonck-Lieder: Altsolo: Eszter Póka
Parsifal/Vorspiel, Karfreitagzauber, 2. Akt: Parsifal: Quade Winter; Klingsor: James Johnson; Kundry: Eszter Póka; Annemarie Zeller, Dorit Hanak, Sharon Moore, Fran Lubahn, Piroska Vargha, Edith Gruber

20. März 1983
Dale Wasserman/Mitch Leigh/Joe Darion: Der Mann von La Mancha
(deutsch von Robert Gilbert)
Musikalische Leitung: Wolfgang Bozić; Inszenierung und Choreographie: Waclaw Orlikowsky; Bühne: Gerhard Hruby; Kostüme: Birgit Hutter
Cervantes/Don Quixote: Helfried Edlinger; Diener/Sancho: Franz Friedrich; Aldonza/Dulcinea: Felicitas Morawitz; Gouverneur/Gastwirt: Götz Zemann; Padre: José Maria Perez; Herzog/Dr. Carrasco: Wolfgang Müller-Lorenz; Antonia: Marianne Becker; Haushälterin: Erika Schubert; Der Barbier: Hans Holzmann; Pedro: Ernst Hammer; Anselmo: Wilhelm Eyberg-Wartenegg; José: Jakob Glashüttner; Juan: Chris Priewalder; Paco: Johann Werner Prein; Tenorio: Simon Ginsberg; Frau des Gastwirts: Erni Tögl; Fermina: Beth Fritz; Maurin: Isabelle Saunders; Tiere: Kevin Lewin, Tamas Schubert; Hauptmann: Walter Tomaschitz

Igor Strawinsky, Le Sacre du Printemps (1988). Diana Ungureanu und Csaba Horváth.

7. Mai 1983
Peter Iljitsch Tschaikowsky: Schwanensee
Musikalische Leitung: Wolfgang Bozić; Inszenierung und Choreographie: Waclaw Orlikowsky; Bühne: Wolfram Skalicki; Kostüme: Lotte Pieczka
Prinz Siegfried: Emilian Tarta; Königin: Roswitha Leski-Posch; Odette: Diana Ungureanu; Odile: Linda Papworth; Baron de Rotbart: Farid Ashmawy; Baronin Therese: Beth Fritz; Baronin Sophie: Kendell Cameron; Benno: Tamas Schubert

11. Juni 1983
Una Notte in Italia
(aus italienischen Opern)
Programm und Präsentation: Marcel Prawy
Musikalische Leitung: Argeo Quadri; Grazer Philharmonisches Orchester; Choreinstudierung: Ernst Rosenberger
Chor und Extrachor der Vereinigten Bühnen; Solisten: Lucia Aliberti; Cleopatra Ciurca; Stephan Elenkov; Juraj Hurny; Ludovic Konya; Vittorio Terranova

Gala-Konzert Luciano Pavarotti (1988). Luciano Pavarotti, Jörg Koßdorff, Carl Nemeth.

Rechte Seite: Arrigo Boito, Mefistofele (1988). Z. Edmund Toliver in der Titelrolle

SPIELZEIT 1983/84

29. Oktober 1983 (Schauspielhaus, europäische Erstaufführung)
Fred F. Spielman: Der geizigste Mann der Welt
Ein Musical nach „A Christmas Carol" von Charles Dickens
Einrichtung der Grazer Fassung: Jürgen Wilke, Wolfram Skalicki
Musikalische Leitung: Stefan Kouba; Inszenierung: Jürgen Wilke; Bühne: Wolfram Skalicki; Kostüme: Hanna Wartenegg; Choreinstudierung: Stefan Kouba; Choreographie: Christa Maurer-Kronegg; Kinder- und Jugendchor: Marcel de Marbaix
Der „Alte Scrooge", der geizigste Mann der Welt: Richard Ames; Fred, Scrooges Neffe: Wilhelm Eyberg-Wertenegg; Bob Cratchit, sein Buchhalter: Gerhard Swoboda; Zwei Herren: Walter Tomaschitz, Chris Priewalder; Mrs. Dilber, Scrooges Bedienstete: Erika Schubert; Hawkins, ein Lumpensammler: Sepp Trummer; Marleys Geist: Rolf Polke; Geist der vergangenen/gegenwärtigen/kommenden Weihnacht: Josef Kepplinger; Mr. Fezziwig: Willy Haring; Mrs. Fezziwig: Livia Katona; Der „junge Scrooge": Peter Karner; Belle, Scrooges Jugendliebe: Annemarie Zeller; Mrs. Cratchit: Erni Tögl; Martha: Marianne Becker; Peter: Henrik de Marbaix/Reinhard Dellinger; Belinde: Michaela Marschnig/Karin Belic; Billy: Adrian Eröd/Christian Hillebrand; Annie: Birgit Dellinger/Roswitha Futschek; Klein Tim: Markus Kerschbaumer/Jürgen Molnar; Ein Junge: Gerold Sigle/Markus Schmiedl; Betty, Freds Frau: Ursula Heinisch; Topper, heiratsfähiger Junggeselle: Jakob Glashüttner; Susan: Uschi Plautz; Junge in Scrooges Büro: Patrick Zenker; Ein Nachbarsjunge: Michael Mastrototaro

25. November 1983 (Schauspielhaus, Grazer Erstaufführung)
Bertolt Brecht/Kurt Weill: Aufstieg und Fall der Stadt Mahagonny
Musikalische Leitung: Wolfgang Bozić; Inszenierung: Kurt Josef Schildknecht; Bühne: Hans Michael Heger;
Kostüme: Hanna Wartenegg;
Choreinstudierung: Ernst Rosenberger; Choreographie: Linda Papworth
Leokadja Begbick: Martha Mödl; Fatty, der Prokurist: Ernst-Dieter Suttheimer; Dreieinigkeitsmoses: Ludovic Konya; Jenny: Fran Lubahn; Jimmy Ackermann: Wolfgang Müller-Lorenz; Jakob Schmidt: Hans Holzmann; Bill: Richard Ames; Joe: Nandor Tomory; Tobby Higgins: Wilhelm Eyberg-Wertenegg; Mädchen: Ursula Heinisch, Uschi Plautz, Heide Stahl, Edith Gruber, Maria Konrad, Waltraud Dietmaier; Männer von Mahagonny: Herrenchor der Vereinigten Bühnen

28. Dezember 1983 (Schauspielhaus)
Paul Abraham: Viktoria und ihr Husar
Musikalische Leitung: Walter Goldschmidt; Inszenierung und Choreographie: Waclaw Orlikowsky; Bühne: Frieder Klein; Kostüme: Lotte Pieczka; Choreinstudierung: Ernst Rosenberger
John Cunlight, amerikanischer Gesandter: Thomas Tarjan; Viktoria, seine Frau: Piroska Vargha; Riquette, ihre Kammerzofe: Else Kalista; Graf Ferry Hegedüs auf Dorozsma, Viktorias Bruder: Peter Karner; O Lia San, Ferrys Braut: Marianne Becker; Stefan Koltay, Husarenrittmeister: Jozsef Kovacs; Jancsi, sein Bursche: Franz Friedrich; Bela Pörkölty: Zoltan Császár; Kamakur o Miki, japanischer Lakai: Denise Pollock-Lewin; Japanische Kavaliere: Ioan Logrea, Tamas Schubert, Andras Kurta; O Muki San: Barbara Havlovec; O Kiki San: Adelheid Stenzel; James, Butler: Jakob Glashüttner; Ein russischer Offizier: Alexander Posch; Ein Kosak: Chris Priewalder; Ein russischer Wachtmeister: Niko Petroff

11. Februar 1984 (Schauspielhaus)
(Grazer Erstaufführung)
Gaetano Donizetti: Viva la mamma
Musikalische Leitung: Nikša Bareza; Inszenierung: Edwin Zbonek; Bühne: Wolfram Skalicki; Kostüme: Ulrike B. Radichevich; Choreinstudierung: Ernst Rosenberger; Choreographie: Christa Maurer-Kronegg
Corilla Sartinecchi, die Primadonna: Eva-Maria Barta; Stefano, ihr Ehemann: Ludovic Konya; Luigia Boschi, die zweite Sängerin: Annemarie Zeller; Agata, ihre Mutter: Oskar Czerwenka; Dorotea Caccini, die Mezzosopranistin: Erni Tögl; Guglielmo Antolstoinolonoff: Juraj Hurny; Der Studienleiter: Jaroslav Stajnc; Der Regisseur: Nandor Tomory; Der Impresario: Wilhelm Eyberg-Wertenegg; Der Theaterdirektor: Thomas Tarjan; Die Souffleuse: Ute Winkler; Der Inspizient: Jakob Glashüttner; Die Cembalistin: Petra Kortbus; Der Requisiteur: Rudolf Jan

28. Februar 1984 (Theater im Malersaal)
(Grazer Erstaufführung)
Benjamin Britten: Wir machen eine Oper zusammen mit der Kinderoper **Der kleine Schornsteinfeger**
Musikalische Leitung: Wolfgang Bozić; Inszenierung: Uta Werner; Mitarbeit: Erik Göller; Ausstattung: Christine Hornischer; Kinderchor: Marcel de Marbaix
Miss Bagott, die Haushälterin: Edith Gruber; Robert, der Schornsteinfeger/ Tom, der Kutscher: Götz Zemann; Clem, Roberts Gehilfe/Alfred, der Gärtner: Ernst-Dieter Suttheimer; Olga, das Kindermädchen: Felicitas Morawitz; Julia Brook: Susanne Kopeinig; Gay Brook: Adrian Eröd; Sophie Brook: Roswitha Futschek; Jenny Crome: Birgit Scholz; Tina Crome: Birgit Dellinger; Hugo Crome: Robert Hiendler; Sam: Markus Kerschbaumer

28. April 1984 (Schauspielhaus)
(Grazer Erstaufführung)
Jacques Offenbach: Die beiden Blinden
Musikalische Leitung: Wolfgang Bozić; Inszenierung: Horst Bonnet, Bühne: Frieder Klein; Kostüme: Hanna Wartenegg
Patachon: Helfried Edlinger; Giraffier: Ernst-Dieter Suttheimer; Passant: Ernst Prassel

Jacques Offenbach: Salon Pitzelberger
Pitzelberger, ein reicher Kaufmann: Benno Kusche; Ernestine, seine Tochter: Felicitas Morawitz; Casimir Canefas, Musiker: Jozsef Kovacs; Brösel, Gärtner: Ernst Prassel; Damen und Herren der Gesellschaft: Edith Gruber, Fran Lubahn, Erika Schubert, Erni Tögl, Ernst-Dieter Suttheimer, Erich Klaus, Josef Kepplinger, Nandor Tomory

31. Mai 1984 (Schauspielhaus)
(Uraufführung)
Carl R. Coleman: Der blaue Engel
Musical nach dem Roman „Professor Unrat" von Heinrich Mann
Buch und Gesangstexte: Geza von Cziffra; Bearbeitung: Stefan Kouba/Wilfried Steiner
Musikalische Leitung: Stefan Kouba; Inszenierung: Wilfried Steiner; Bühne: Frieder Klein; Kostüme: Hanna Wartenegg; Choreinstudierung: Ernst Rosenberger; Choreographie: Linda Papworth
Rosa Fröhlich: Christiane Rücker; Professor Raat: Walter Kohls; Graf von Ertzum: Peter Karner; Kieselack: Rolf Kanies; Lohmann: Jakob Glashüttner; Auguste: Else Kalista; Kiepert: Sepp Trummer; Konsul Reuser: Josef Kepplinger; Apotheker: Bruno Krebs; Don Pedro: Erik Göller; Patschuli: Johannes Pump; Frau Kulike: Erika Schubert; Slavica Kunović: Lea Drassal; Wachtmeister: Willy Haring; Herrenquartett: Richard Brantner, Zoltan Galamb, Franz Koinegg, Anton Obbes; Matrosen: Simon Ginsberg, Kevin Lewin; Kellner: Josef Musger; Mutter: Elli Schneider; Tante: Uschi Plautz; Melanie: Tanja Heinze; Schuldiener: Chris Priewalder; Zeitungsjunge: Gerold Sigle

7. Juli 1984 (Landhaushof, Grazer Erstaufführung)
(in italienischer Sprache)
Claudio Monteverdi: L'Orfeo
Musikalische Leitung: Nikša Bareza; Inszenierung: Christian Pöppelreiter; Raumgestaltung: Jörg Koßdorff; Kostüme: Reinhard Heinrich; Choreinstudierung: Ernst Rosenberger; Choreographie: Christa Maurer-Kronegg
Musica: Fran Lubahn, Nelly Ailakowa, Dorit Hanak, Edith Gruber; Orfeo: Peter Straka; Euridice: Annemarie Zeller; Pastori/Spiriti: Hans Holzmann, Ernst-Dieter Suttheimer, Wilhelm Eyberg-Wertenegg, Ludovic Konya; Messaggera: Edith Gruber; Ninfa: Dorit Hanak; Speranza: Fran Lubahn; Caronte: Zoltan Császár; Plutone: Jaroslav Stajnc; Proserpina: Nelly Ailakowa; Apollo: Wolfgang Müller-Lorenz

SPIELZEIT 1984/85

12. Jänner 1985 (Uraufführung der Grazer Fassung)
(zur Eröffnung der umgebauten Oper)
Johann Joseph Fux: Angelica vincitrice di Alcina
Deutsche Fassung: Peter Daniel Wolfkind; Musikalische Leitung: Nikša Bareza; Inszenierung: Peter Lotschak; Ausstattung: Gian-Maurizio Fercioni/Luisa Gnecchi; Choreinstudierung: Ernst Rosenberger; Choreographie: Waclaw Orlikowsky
Angelica, Königin von Catajo: Penelope MacKay; Alcina, Zauberin: Ursula Reinhardt-Kiss; Medoro: Charles Brett; Bradamante/Astolfo: Fran Lubahn; Ruggiero: David Sundquist; Atlante/Orlando: Franz Xaver Lukas

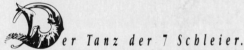

Die schönsten 4 Sterne in Graz!
Komfortabel, modern, europareif!

- Professionell tagen (bis zu 300 Personen)
- Elegant wohnen
- Exquisit speisen

Reservierungen unter:

Hotel Europa Graz GmbH & Co KG

8020 Graz, Bahnhofgürtel 89
Tel.: 0316/91 66 01
Telex: 312675 eugra
Fax: 0316/91 66 01 606

„Vier Jahreszeiten"
das Restaurant der gastronomischen Abwechslung. Die Verschmelzung von steirischer Tradition und internationaler Exklusivität in saisonaler Vielfalt. Für Gourmets.

Das ****Hotel Europa gilt zurecht als neuer Treffpunkt in Graz. Denn als 4-Sterne-Hotel mit exklusivem Komfort gönnen wir Ihnen den Luxus, von allem ein wenig mehr zu erhalten. Mit 114 exquisiten Zimmern und vier luxuriösen „Suiten" – jeweils mit Privatbad, Dusche, WC, Farb-TV, Telefon und Minibar, sowie mit unserem gediegenen Gourmet-Restaurant „Vier Jahreszeiten", dem Café-Restaurant „Bistronette", seiner Gartenterrasse und mit der kleinen Hotelbar „La Bella Grazia" sind wir auf alle Erwartungen eines verwöhnten Gastes eingestellt.

Eine Sauna mit Freiluftterrasse, Solarium und Tauchbecken gehören selbstverständlich dazu. Die großräumige Tiefgarage sei nur als zusätzlicher Vorteil erwähnt.

Unser persönliches Ziel ist, Ihnen Ihren Aufenthalt so angenehm wie nur möglich zu gestalten. Hier sollen Sie den Alltag vergessen und sich verwöhnen lassen. Für einen perfekten und beispielhaft persönlichen Service garantiert unser Hotelteam, das sich ganz besonders freut, seine internationale Erfahrung unter Beweis stellen zu dürfen.

Seite 108: Arrigo Boito, Mefistofele (1988). Bühnenbild Wolfram Skalicki.

Arrigo Boito, Mefistofele (1988). Ildiko Szönyi und Konstantin Sfiris.

8. Februar 1985 (Premiere I) und 10. Februar 1985 (Premiere II)
(in italienischer Sprache)
Pietro Mascagni: Cavalleria rusticana
Musikalische Leitung: Wolfgang Bozić; Inszenierung: Kurt Josef Schildknecht; Bühnenbild: Frieder Klein; Kostüme: Hanna Wartenegg; Chöre: Ernst Rosenberger; Kinder- und Jugendchor: Marcel de Marbaix; Choreographie: Erika Grum
Santuzza, eine junge Bäuerin: Evy Kristiansen; Turiddu, ein junger Bauer: Juraj Hurny; Lucia, seine Mutter: Erni Tögl; Alfio, ein Fuhrmann: Ludovic Konya; Lola, seine Frau: Ulrike Finder; Eine Frau: Roswitha Leski-Posch

Ruggero Leoncavallo: I Pagliacci
Canio/Pagliaccio: Bruno Rufo; Nedda/Columbine: Marjorie Bennett; Tonio/Taddeo: Mauro Augustini; Beppo/Arlecchino: Ernst-Dieter Suttheimer; Silvio: Josef Luftensteiner; Zwei Bauern: Andras Bognar, Michael Becker

16. März 1985 (Premiere I)
Franz Lehár: Der Zarewitsch
Musikalische Leitung: Gerhard Lagrange; Inszenierung und Choreographie: Waclaw Orlikowsky; Bühnenbild: Jörg Koßdorff; Kostüme: Ulrike B. Radichevich; Choreinstudierung: Ernst Rosenberger
Der Großfürst, Bruder des Zaren: Thomas Tarjan; Zarewitsch Alexej: Jozsef Kovacs; Sonja, eine Tänzerin: Eva-Maria Barta; Der Ministerpräsident: Willy Haring; Iwan, Adjutant des Zarewitsch: Peter Karner; Mascha, seine Frau: Felicitas Morawitz; Bordolo: Götz Zemann; Lina: Uschi Plautz; Der Obersthofmeister: Chris Priewalder; Der Kammerdiener: Bruno Krebs; Fürstin Natalia Sobestschanskaya: Roswitha Leski-Posch; Nichten der Fürstin: Rodica Pascu, Isabelle Saunders; Gräfin Anna Trubetskaya: Elli Schneider; Töchter der Gräfin: Cindy Fock, Sylvia Spinotti; Der Kosak: Stefan Tachev; Galina: Karolin Sorger; Irina: Jacqueline Kores; Tamara: Claudia Györek

22. März 1985 (Premiere II)
Franz Lehár: Der Zarewitsch
Leitung wie Premiere I
Sonja, eine Tänzerin: Piroska Vargha
Übrige Besetzung siehe Premiere I

27. April 1985 (Premiere I)
Richard Strauss: Arabella
Musikalische Leitung: Nikša Bareza; Inszenierung: Imo Moszkowicz; Bühnenbild: Frieder Klein; Kostüme: Hanna Wartenegg; Choreinstudierung: Ernst Rosenberger
Graf Waldner, Rittmeister a. D.: Nandor Tomory; Adelaide, seine

Frau: Edith Gruber; Arabella: Marina Mader; Zdenka: Fran Lubahn; Mandryka: Norman Phillips; Matteo, Jägeroffizier: Juraj Hurny; Graf Elemer: David Sundquist; Graf Dominik: Wilhelm Eyberg-Wertenegg; Graf Lamoral: Zoltan Császár; Die Fiakermilli: Donna Robin; Eine Kartenaufschlägerin: Roswitha Leski-Posch; Welko, Leibhusar: Michael Becker; Djura, Leibzigeuner: Siegfried Ferlin; Jankel, Leibjude des Mandryka: Franz Koinegg; Ein Zimmerkellner: Jakob Glashüttner; Drei Spieler: Zoltan Galamb, Karl Titsch, Stefan Tachev

2. Mai 1985 (Premiere II)
Richard Strauss: Arabella
Leitung wie Premiere I
Matteo, Jägeroffizier: Josef Hopferwieser; Fiakermilli: Felicitas Morawitz
Übrige Besetzung siehe Premiere I

8. Juni 1985 (Premiere I)
Karl Goldmark: Die Königin von Saba
Musikalische Leitung: János Kulka; Inszenierung: András Mikó; Choreographie: Waclaw Orlikowsky; Bühnenbild: Wolfram Skalicki; Kostüme: Nelly Vágo; Chöre: Ernst Rosenberger
König Salomon: Ludovic Konya; Der Hohepriester: Nandor Tomory; Sulamith; Gabriele Marianne Lechner; Assad: András Molnar; Die Königin von Saba: Eszter Póka; Astaroth, ihre Sklavin: Marjorie Bennett; Tempelwächter: Zoltan Császár; Baal-Hanaan, Palastaufseher: Wilhelm Eyberg-Wertenegg

11. Juni 1985 (Premiere II)
Karl Goldmark: Die Königin von Saba
Leitung wie Premiere I
König Salomon: Ludovic Konya; Der Hohepriester: Nicholas Greenbury; Sulamith: Eva-Maria Barta; Assad: Wolfgang Müller-Lorenz; Die Königin von Saba: Evy Kristiansen
Übrige Besetzung wie Premiere I

Georges Bizet, Carmen (1988). Melanie Sonnenberg, Eva-Maria Barta, Evy Kristiansen.

Giuseppe Verdi, Don Carlo (1989). Z. Edmund Toliver und Konstantin Sfiris.

SPIELZEIT 1985/86

15. September 1985 (Studiobühne, Grazer Erstaufführung)
Georg Philipp Telemann: Pimpinone oder Die ungleiche Heyrath
Musikalische Leitung: Fabio Luisi; Inszenierung: Robert Hoyem; Choreographie: Linda Papworth; Ausstattung: Josef Cselenyi
Vespetta: Brigitte Miklauc; Pimpinone: Richard Ames; Komödianten: Florentina Sfetcu, Andrea Wagner, Isabella Priewalder, Simon Ginsberg, Andras Kurta, Gerald Staberl

28. September 1985 (Premiere I) (in italienischer Sprache)
Giuseppe Verdi: Rigoletto
Musikalische Leitung: Nikša Bareza; Inszenierung: Roland Velte; Bühnenbild: Frieder Klein; Kostüme: Marie-Luise Walek; Choreinstudierung: Ernst Rosenberger
Der Herzog von Mantua: Juraj Hurny; Rigoletto: Sándor Sólyom-Nagy: Gilda: Magda Nador; Graf Monterone: Manfred Hofmann; Graf Ceprano: Zoltan Császár; Gräfin Ceprano: Irmgard Plimon; Marullo: Josef Luftensteiner; Borsa: Herwig Pecoraro; Sparafucile: Nicholas Greenbury; Maddalena: Ildiko Szönyi; Giovanna: Erni Tögl; Ein Wachhabender: Zoltan Galamb; Ein Page: Brigitte Miklauc; Herzogin von Mantua: Ilse Schatzer; Neptun: Heinz Brunner

2. Oktober 1985 (Premiere II) (in italienischer Sprache)
Giuseppe Verdi: Rigoletto
Leitung wie Premiere I
Maddalena: Ulrike Finder
Übrige Besetzung wie Premiere I

16. November 1985 (Premiere I)/19. November 1985 (Premiere II)
(deutschsprachige Erstaufführung)
Johann Strauß: Die Zigeunerin (La Tzigane)
Musikalische Leitung: Wolfgang Bozić; Inszenierung: Edwin Zbonek; Bühnenbild: Wolfram Skalicki; Kostüme: Ulrike B. Radichevich; Choreinstudierung: Ernst Rosenberger; Choreographie: Christa Maurer-Kronegg
Der Fürst: Jozsef Kovacs; Die Fürstin: Piroska Vargha; Zappoli, Haushofmeister: Ernst-Dieter Suttheimer; Mathias, Wirt: Josef Luftensteiner; Lena, seine Frau: Felicitas Morawitz; Trick, Küchenjunge: Adrian Eröd; Polizeipräsident: Jakob Glashüttner; Schatzmeister: Sepp Trummer; Mundschenk: Götz Zemann; Kämmerer: Erich Klaus; Generalin: Marianne Becker; Mundschenkin: Else Kalista; Schatzmeisterin: Michaela Fussi; Kämmerin: Dorit Hanak; Melchior, ein Zigeuner: Wilhelm Eyberg-Wertenegg; Milla, eine Zigeunerin: Brigitte Miklauc; Zika: Edith Gruber

Giuseppe Verdi, Don Carlo (1989). Gabriele Lechner als Elisabetta.

21. Dezember 1985 (Premiere I)/25. Dezember 1985 (Premiere II)
Wolfgang Amadeus Mozart: Die Hochzeit des Figaro
Musikalische Leitung: Nikša Bareza; Inszenierung: Klaus Dieter Kirst; Bühnenbild: Reinhart Zimmermann; Kostüme: Hanna Wartenegg; Choreinstudierung: Ernst Rosenberger
Graf Almaviva: David McShane; Gräfin Almaviva: Laurel Lee James; Susanna, ihre Zofe und Verlobte des Figaro: Fran Lubahn; Figaro: Ludovic Konya; Cherubino, Page des Grafen: Margret Cahn; Marcellina, Haushälterin: Edith Gruber; Bartolo, Arzt in Sevilla: Manfred Hofmann; Basilio, Musiklehrer: Ernst-Dieter Suttheimer; Don Curzio, Richter: Herwig Pecoraro; Barbarina: Brigitte Miklauc; Antonio, Gärtner des Grafen: Nicholas Greenbury; Ein Mädchen: Susanne Kopeinig

26. Jänner 1986 (Premiere I)
Franz Lehár: Giuditta
Musikalische Leitung: Gerhard Lagrange; Inszenierung: Wolfgang Weber; Bühnenbild: Frieder Klein; Kostüme: Christine Hornischer; Choreinstudierung: Ernst Rosenberger; Choreographie: Linda Papworth
Manuele Biffi: Kurt Hradek; Giuditta, seine Frau: Gail Steiner; Octavio, Hauptmann: Juraj Hurny; Antonio, Leutnant: Josef Luftensteiner; Anita: Felicitas Morawitz; Pierrino: Peter Karner; Wirt: Willy Haring; Ibrahim: Thomas Tarjan; Professor Martini: Manfred Hofmann; Lord Barrymore: Götz Zemann; Lolitta, Tänzerin: Uschi Plautz; Adjutant: Jakob Glashüttner

6. Februar 1986 (Premiere II)
Franz Lehár: Giuditta
Leitung wie Premiere I
Giuditta: Nelly Ailakowa
Übrige Besetzung wie Premiere I

13. März 1986 (Premiere I)/15. März 1986 (Premiere II)
(Grazer Erstaufführung)
Benjamin Britten: Ein Sommernachtstraum
Musikalische Leitung: Nikša Bareza; Inszenierung: Christian Pöppelreiter; Bühnenbild: Jörg Koßdorff; Kostüme: Hanna Wartenegg
Oberon, König der Elfen: Edith Gruber; Titania, Königin der Elfen: Laurel Lee James; Puck, ein Elfe: Christoph Schmidt; Theseus, Herzog von Athen: Ludovic Konya; Hippolyta, seine Braut: Erni Tögl; Lysander: David Sundquist; Demetrius: Josef Luftensteiner; Hermia, in Lysander verliebt: Ildiko Szönyi; Helena, in Demetrius verliebt: Evy Kristiansen; Zettel, der Weber: Nicholas Greenbury; Squenz, der Zimmermann: Manfred Hofmann; Flaut, der Bälgeflicker: Ernst-Dieter Suttheimer; Schnock, der Schreiner: Zoltan Császár; Schnauz, der Kesselflicker: Herwig Pecoraro; Schlucker, der Schreiner: David McShane; Spinnweb: Michaela

Fussi; Senfsamen: Susanne Kopeinig; Bohnenblüte: Ulrike Hoffellner; Motte: Caroline Schrafl; Elfen: Gabriela Boné, Daniela Czeike, Ulrike Erfurt, Angelika Fuhs, Marion Heger, Heidemarie Pöschl, Isabella Pregartner, Irene Schober; Inderknabe: Adrian Eröd; Prinzen: Andreas Höller, Daniel Maier, Erich Maier, Robert Maier, Peter Supancic, Thomas Svoboda

19. April 1986 (Premiere I)/22. April 1986 (Premiere II)
Peter Iljitsch Tschaikowsky: Dornröschen
Musikalische Leitung: Wolfgang Bozić; Inszenierung und Choreographie: Waclaw Orlikowsky; Bühnenbild: Wolfram Skalicki; Kostüme: Hanna Wartenegg
König Florestan XIV.: Zoltan Császár; Die Königin: Marianne Becker; Prinzessin Aurora: Linda Papworth; Die Fee des Flieders: Diana Ungureanu; Fee Carabosse: Maja Srbljenovic; Prinz Désiré: Emilian Tarta; Die Fee des goldenen Weins: Denise Pollock-Lewin; Die Fee des Waldes und der Wiesen: Florentina Sfetcu; Die Fee des Zaubergartens: Claudia Lechner; Die Fee der Singvögel: Suzanna Rille; Die Fee des Bergkristalls: Jane Donko; Zeremonienmeister Catalabutte: Kevin Lewin; Der Begleiter der Fee des Flieders: Christian Loghin; Die Freundinnen Auroras: Denise Pollock-Lewin, Adelheid Stenzel; Ruth Harteck, Barbara Havlovec; Der Prinz von England: Cristian Vancea; Der Prinz von Spanien: Andras Kurta; Der Prinz von Österreich: Ioan Logrea; Der Prinz von Indien: Nicolae Chiritescu; Herzogin de la Rochefoucauld: Jane Donko; Die Marquisen: Florentina Sfetcu, Adelheid Stenzel; Sarabande: Adelheid Stenzel, Ioan Logrea; Gold: Isabella Saunders; Silber: Rodica Pascu; Smaragd: Claudia Lechner; Rubin: Jane Donko; Der gestiefelte Kater: Andras Kurta; Die persische Katze: Corinne Billingham; Prinzessin Florissa: Florentina Sfetcu; Der Blaue Vogel: Roland Nagy; Aschenbrödel: Ruth Harteck; Prinz Fortuné: Nicolae Chiritescu; Die Stiefmutter: Suzanna Rille; Die Stiefschwestern: Andrea Wagner, Claudia Györek; Die gute Fee: Karolin Sorger; Rotkäppchen: Denise Pollock-Lewin; Der Wolf: Cristian Vancea

7. Juni 1986 (Premiere I)
Franz von Suppé: Boccaccio
Musikalische Leitung: Fabio Luisi; Inszenierung: Peter Lotschak; Bühnenbild: Jörg Koßdorff; Kostüme: Michaela Mayer; Choreinstudierung: Ernst Rosenberger
Giovanni Boccaccio: Josef Luftensteiner; Pietro, Prinz von Palermo: Peter Karner; Scalza, Barbier: Manfred Hofmann; Beatrice, sein Weib: Eva-Maria Barta; Lotteringhi, Faßbinder: Herwig Pecoraro; Isabella, sein Weib: Dorit Hanak; Lambertuccio, Gewürzkrämer: David Sundquist; Peronella, sein Weib: Erni Tögl; Fiametta, beider Ziehtochter: Brigitte Miklauc; Leonetta: Götz Zemann; Kolporteur: Ludovic Konya; Checco/Ein Unbekannter: Zoltan Császár; Majordomus: Sepp Trummer

10. Juni 1986 (Premiere II)
Franz von Suppé: Boccaccio
Leitung wie Premiere I
Isabella: Else Kalista
Übrige Besetzung wie Premiere I

Aram Chatschaturjan, Spartakus (1989). Diana Ungureanu und Csaba Horvath.

SPIELZEIT 1986/87

14. September 1986 (Premiere I)
Modest P. Mussorgsky: Boris Godunow
(Instrumentation: Dimitri Schostakowitsch)
Musikalische Leitung: Nikša Bareza; Inszenierung und Choreographie: Waclaw Orlikowsky; Bühnenbild: Jörg Koßdorff; Kostüme: Ronny Reiter; Choreinstudierung: Ernst Rosenberger; Kinder- und Jugendchor: Marcel de Marbaix
Boris Godunow: Nikita Storojev; Feodor: Margret Cahn; Xenia: Brigitte Miklauc; Xenias Amme: Erni Tögl; Fürst Wassilij Schuiskij: David Sundquist; Andrej Schtschelkalow: Josef Luftensteiner; Pimen, Mönch: Konstantin Sfiris; Grigorij Otrepjew, später Dimitrij: Wolfgang Müller-Lorenz; Marina Mnischek, Tochter des Wojwoden von Sandomir: Melanie Sonnenberg; Rangoni, Jesuit: David McShane; Warlaam: Ludovic Konya; Missail: Herwig Pecoraro; Schankwirtin: Caroline Schrafl; Blödsinniger: Ernst-Dieter Suttheimer; Nikititsch, Vogt: Manfred Hofmann; Hauptmann: Götz Zemann; Leibbojar: Jakob Glashüttner; Bojar Chruschtschow: Erich Klaus; Bojaren: Zoltan Császár, Zoltan Galamb, Manfred Hemm, Josef Luftensteiner, Rolf Polke, Götz Zemann; Lawitzkij: Hans Holzmann; Tschernikowskij: Manfred Hemm; Gefährtinnen Marinas: Ingeborg Krobath, Irmgard Plimon, Roswitha Leski-Posch, Erika Roth

18. September 1986 (Premiere II)
Modest P. Mussorgsky: Boris Godunow
(Instrumentation: Dimitri Schostakowitsch)
Leitung wie Premiere I
Xenia: Fran Lubahn; Marina Mnischek: Ildiko Szönyi
Übrige Besetzung wie Premiere I

12. Oktober 1986 (Premiere I)/15. Oktober 1986 (Premiere II)
(Uraufführung, „steirischer herbst '86")
Otto M. Zykan: Der Zurückgebliebenen Auszählreim
(Theater für ein Opernhaus)
Musikalische Leitung: Wolfgang Bozić; Inszenierung: Otto M. Zykan; Bühnenbild: Hans Hoffer; Kostüme: Gera Graf; Choreographie: Peter Wissmann; Choreinstudierung: Ernst Rosenberger
Räsonierer 1: Otto M. Zykan; Räsonierer 2: Ernst-Dieter Suttheimer; Räsonierer 3: Hans Holzmann; Pantomime: Walter Bartussek; Soloquartett: Fran Lubahn, Ildiko Szönyi, David Sundquist, Manfred Hemm; Eva: Suzanna Rille; Adam: Peter Wissmann; Mädchen 1: Nina Schnepf; Mädchen 2: Uta Poduschka; Zwerg: Heinz Brunner; Riese: Max Konecnik; Eine Sirene: Frau von Stein

Albert Lortzing, Zar und Zimmermann (1989). Herwig Pecoraro und David McShane.

Seite 117:
Aram Chatschaturjan, Spartakus (1989). Linda Papworth und Ludwig Karl.

31. Oktober 1986 (Premiere I)
Gioaccino Rossini: Der Barbier von Sevilla
Musikalische Leitung: Fabio Luisi; Inszenierung: Robert Hoyem; Bühnenbild: Frieder Klein; Kostüme: Hanna Wartenegg; Choreinstudierung: Ernst Rosenberger; Einstudierung der Pantomime: Linda Papworth
Graf Almaviva: David Sundquist; Doktor Bartolo: Götz Zemann; Rosina, Bartolos Mündel: Melanie Sonnenberg; Figaro, Barbier: Bálász Póka; Basilio, Musiklehrer: Nicholas Greenbury; Fiorillo, Almavivas Diener: Richard Ames; Berta, Dienerin Bartolos: Ildiko Szönyi; Ambrosio, Diener Bartolos: Chris Priewalder; Ein Notar: Jakob Glashüttner; Ein Wachoffizier: James Jolly; Ein kleiner Mann: Andrea Wagner

4. November 1986 (Premiere II)
Gioaccino Rossini: Der Barbier von Sevilla
Leitung wie Premiere I
Graf Almaviva: Herwig Pecoraro; Doktor Bartolo: Manfred Hofmann; Rosina, Bartolos Mündel: Laurel Lee James; Figaro, Barbier: Josef Luftensteiner; Basilio, Musiklehrer: Zoltan Császár; Fiorillo, Almavivas Diener: Douglas Hines; Berta, Dienerin Bartolos: Erni Tögl; Ein Notar: Rudolf Jan. Übrige Besetzung wie Premiere I

9. November 1986 (Studiobühne, Grazer Erstaufführung)
Just Scheu: Pariser Geschichten
Musikalische Leitung: Heimo Smola; Inszenierung: Birgit Amlinger; Bühnenbild: Hans Michael Heger; Kostüme: Michaela Mayer; Tänze: Else Kalista
Arlette: Marianne Becker; Sissi: Vera Berzsenyi; Madame: Else Kalista; Pierre de la Vigne: Peter Karner; Jean Potin: Manfred Hofmann; Antoine: Manfred Hemm

22. November 1986 (Premiere I)
Engelbert Humperdinck: Hänsel und Gretel
Musikalische Leitung: Wolfgang Bozić; Inszenierung: Uta Werner; Ausstattung: Hanna Wartenegg; Einstudierung des Kinderchores: Marcel de Marbaix; Choreographie: Erik Göller
Peter, ein Besenbinder: Ludovic Konya; Gertrud, seine Frau: Evy Kristiansen; Hänsel: Ildiko Szönyi; Gretel: Fran Lubahn; Die Knusperhexe: Ernst-Dieter Suttheimer; Sandmännchen/Taumännchen: Laurel Lee James

23. November 1986 (Premiere II)
Engelbert Humperdinck: Hänsel und Gretel
Leitung wie Premiere I
Peter, ein Besenbinder: David McShane; Gertrud, seine Frau: Eva-Maria Barta; Hänsel: Margret Cahn; Gretel: Brigitte Miklauc
Übrige Besetzung wie Premiere I

25. Dezember 1986 (Premiere I)
Johann Strauß: Der Zigeunerbaron
Musikalische Leitung: Gerhard Lagrange; Inszenierung und Choreographie: Waclaw Orlikowsky; Bühnenbild: Wolfram Skalicki; Kostüme: Hanna Wartenegg; Choreinstudierung: Ernst Rosenberger
Graf Homonay, Obergespan des Temeser Komitates: Josef Luftensteiner; Conte Carnero, königlicher Kommissär: Götz Zemann; Sándor Barinkay: Juraj Hurny; Kálmán Zsupán, ein Schweinezüchter: Ferdinand Radovan; Arsena, seine Tochter: Felicitas Morawitz; Mirabella, Gouvernante: Erika Schubert; Ottokar, ihr Sohn: Herwig Pecoraro; István, Knecht: Willy Haring; Czipra, Zigeunerin: Erni Tögl; Saffi: Piroska Vargha; Pali: Zoltan Császár; Ferko: Chris Priewalder; Mihály: Arthur Ortens; Zigeunerkind: Andrea Wagner; Sekretäre des königlichen Kommissärs: Arthur Ortens, Gerhard Stelzer

26. Dezember 1986 (Premiere II)
Johann Strauß: Der Zigeunerbaron
Leitung wie Premiere I
Graf Homonay: Manfred Hemm;
Sándor Barinkay: Wolfgang Müller-Lorenz
Übrige Besetzung wie Premiere I

31. Jänner 1987 (Grazer Erstaufführung) (Premiere I)
Cy Coleman: Sweet Charity
Musikalische Leitung: Heimo Smola; Inszenierung: Edwin Zbonek; Choreographie: Linda Papworth; Bühnenbild: Wolfram Skalicki; Kostüme: Michaela Mayer; Choreinstudierung: Andreas Stöhr
Charity Hope Valentine: Felicitas Morawitz; Helene, Taxigirl: Heide Stahl; Nickie, Taxigirl: Uschi Plautz; Carmen, Taxigirl: Isabella Priewalder; Betsy, Taxigirl: Maria Konrad; Hermann, Geschäftsführer im „Fan-Dango"-Tanzpalast: Ernst-Dieter Suttheimer; Ursula, eine verwöhnte Dame: Marianne Becker; Vittorio Vitale, Filmstar: Josef Luftensteiner; Manfred, Butler bei Vitale: Armin J. Schallock; Oscar, ein Buchhalter: Peter Karner; Daddy Brubeck, Führer einer Sekte: Helfried Edlinger; Drei seiner Jünger: Michael Becker, Siegfried Ferlin, Zoltán Galamb; Rosie, Taxi-Girl-Anfängerin: Brigitte Miklauc; Meier, ein Polizist: Chris Priewalder; „Sonnenbrille", ein Gangster: Emilian Tarta; Ehefrau: Waltraud Dietmaier; Ehemann: Dietmar Hirzberger; Ein junger Mann: James Jolly; Frau mit Hut: Erika Roth; Eisverkäufer: Rudolf Jan; 2. Polizist: Tamás Patrovics; Mann mit Brille: Wolfgang Bresch; Fußballspieler: András Bognar; Mann mit Hund: Richard Brantner; Fremdarbeiter: András Jászay; Ein Pförtner/Ein Wüstling: Hans Kien; Mädchen von der Heilsarmee: Karin Block; Sammlerin: Barbara Glashüttner; Sammler: Richard Brantner, Dietmar Hirzberger; Ober: Anton Obbes; Auskunftsmädchen: Ingeborg Krobath; 1. Frau: Roswitha Scholler; 2. Frau: Elli Schneider;
Mann im Aufzug: Bruno Krebs

Giuseppe Verdi, Otello (1990). Karin Goltz, Gabriele Lechner, James McCray, Konstantin Sfiris, Aldo Tiziani.

3. Februar 1987 (Premiere II)
Cy Coleman: Sweet Charity
Leitung wie Premiere I
Daddy Brubeck: Simon Ginsberg
Übrige Besetzung wie Premiere I

8. März 1987 (Premiere I) (in italienischer Sprache)
Giuseppe Verdi: La forza del destino (Die Macht des Schicksals)
Musikalische Leitung: Nikša Bareza; Inszenierung: Elmar Ottenthal; Bühnenbild: Wolfram Skalicki; Kostüme: Hanna Wartenegg; Choreographie: Christa Maurer-Kronegg; Einstudierung der Chöre: Ernst Rosenberger/Marcel de Marbaix
Il Marchese di Calatrava: Zoltán Császár; Donna Leonora di Vargas: Gabriele Lechner; Don Carlo di Vargas: Paolo Gavanelli; Don Alvaro: Donald Hamrick; Preziosilla: Melanie Sonnenberg; Padre Guardiano: Konstantin Sfiris; Fra Melitone: Ludovic Konya; Curra: Erni Tögl; Un Alcade: Manfred Hofmann; Mastro Trabuco: Herwig Pecoraro; Un Chirurgo: David McShane; Una Mendicante: Ingeborg Krobath; Ufficiali: James Jolly, Karl Titsch, Zoltan Galamb; Soldati: Zoltan Galamb, Anton Obbes, Michael Becker

11. März 1987 (Premiere II) (in italienischer Sprache)
Giuseppe Verdi: La forza del destino (Die Macht des Schicksals)
Leitung wie Premiere I
Don Alvaro: Juray Hurny; Preziosilla: Ildiko Szönyi
Übrige Besetzung wie Premiere I

25. April 1987 (Premiere I) (in italienischer Sprache)
Wolfgang Amadeus Mozart: Don Giovanni
Musikalische Leitung: Thomas Sanderling; Inszenierung: Axel Corti; Bühnenbild: Jörg Koßdorff; Kostüme: Uta Loher; Choreographie: Linda Papworth; Choreinstudierung: Ernst Rosenberger
Don Giovanni: Louis Otey; Il Commendatore: Konstantin Sfiris; Donna Anna: Laurel Lee James; Don Ottavio: David Sundquist; Donna Elvira: Gabriele Lechner; Leporello: Manfred Hemm; Masetto: Ludovic Konya; Zerlina: Margret Cahn

29. April 1987 (Premiere II) (in italienischer Sprache)
Wolfgang Amadeus Mozart: Don Giovanni
Leitung wie Premiere I
Zerlina: Fran Lubahn
Übrige Besetzung wie Premiere I

6. Juni 1987 (Premiere I)/9. Juni 1987 (Premiere II)
Jacques Offenbach: Hoffmanns Erzählungen
Musikalische Leitung: Nikša Bareza; Inszenierung: Imo Moszkowicz; Bühnenbild: Frieder Klein; Kostüme: Hanna Wartenegg; Choreinstudierung: Ernst Rosenberger
Hoffmann: Donald Hamrick; Die Muse: Ildiko Szönyi; Lindorf/Doktor Mirakel/Coppelius/Dapertutto: Bent Norup; Andras/Franz/Cochenille Pitichinaccio: Herwig Pecoraro; Antonia: Eva-Maria Barta; Olympia: Freda McNair; Giulietta: Melanie Sonnenberg; Stella: Ute Neuherz; Stimme der Mutter: Erni Tögl; Spalanzani: Richard Ames; Nathanael: Michael Becker; Hermann/Schlemihl: Zoltan Császár; Luther/Crespel: Manfred Hofmann; Venus: Marion Heger; Fortuna: Petra Friedl; Offenbach: Arthur Ortens; Tanz-Double: Denise Pollock-Lewin

SPIELZEIT 1987/88

26. September 1987 (Uraufführung, „steirischer herbst '87")
Friedrich Cerha: Der Rattenfänger
Libretto nach dem gleichnamigen Bühnenstück von Carl Zuckmayer
Musikalische Leitung: Friedrich Cerha; Inszenierung: Hans Hollmann; Bühnenbild: Herbert Kapplmüller; Kostüme: Frieda Parmeggiani
Der Rattenfänger: Peter Lindroos; Der Stadtregent: Heinz-Jürgen Demitz; Divana, die Frau des Stadtregenten: Ursula Reinhardt-Kiss; Maria: Margret Cahn; Martin: Hans Holzmann; Elken, Kammerfrau: Ildiko Szönyi; Johannes, deren Sohn: Petros Evangelides; Stina, ein blindes Mädchen: Gabriele Schuchter; Ein taubstummer Knabe: Lorenz Kabas; Der Stiftspropst: Konstantin Sfiris; Der Dekan: Josef Kepplinger; Der Stadtrichter: Manfred Hemm; Der Roggenherzog: Z. Edmund Toliver; Der Hostienbäcker: Ernst-Dieter Suttheimer; Der Kleine Henker: Jozsef Dene; Rikke, seine Tochter: Ana Pusar; 1. Mann: Manfred Hemm; 2. Mann: Manfred Hofmann; 1. Bursche: David McShane; 2. Bursche: Herwig Pecoraro; 3. Bursche: Zoltan Császár; Der Hauptmann: Gerhard Balluch; Der Wirt: Sepp Trummer; Ein Feldwebel: Peter Karner; 1. Landsknecht: Ludovic Konya; 2. Landsknecht: Richard Ames; Ein Narr: Heinz Brunner; Zwei Begleiter des Stiftspropstes: Wolfgang Dittrich, Alois Brauchard

18. Oktober 1987 (in italienischer Sprache)
Giacomo Puccini: Tosca
Musikalische Leitung: Wolfgang Bozić; Inszenierung: Roland Velte; Bühnenbild: Frieder Klein; Kostüme: Hanna Wartenegg; Einstudierung der Chöre: Ernst Rosenberger; Kinderchor: Marcel de Marbaix
Floria Tosca, celebre cantante: Gabriele Lechner; Mario Cavaradossi, pittore: Juraj Hurny; Il Barone Scarpia, capo della polizia: Sándor Sólyom-Nagy; Cesare Angelotti: Manfred Hemm; Il Sagrestano/Sciarrone, gendarme/Un Carceriere: Götz Zemann; Spoletta, agente di polizia: Herwig Pecoraro; Un Pastore: Paul Nitsche; Marchesa Attavanti: Marion Heger

14. November 1987 (Grazer Erstaufführung)
Alan Jay Lerner/Frederick Loewe: Gigi
Musikalische Leitung: Heimo Smola; Inszenierung: Attila E. Láng; Choreographie: Rosita Steinhauser; Bühnenbild: Frieder Klein; Kostüme: Michaela Mayer
Honoré Lachaille: Peter Minich; Gigi: Brigitte Miklauc; Gaston Lachaille: Peter Karner; Insz Alvarez, Mamite: Else Kalista; Tante Alicia: Vera Berzsenyi; Liane D'Eselmans: Erika Grum; Butler Charles/Telefonmonteur: Erik Göller; Manuel: Bruno Krebs; Rechtsanwalt Dufresne: Herwig Pecoraro; Rechtsanwalt Duclos: Jakob Glashüttner; Empfangschef: Sepp Trummer; Zwei Schreiber: Zoltan Galamb, Alexander Posch; Tanzlehrer: Gerald Staberl; Stimme der Mutter/Juliette: Irmgard Plimon; Alphonse, Kellner im Maxim: James Jolly; Die Zukunft: Brigitte Uray

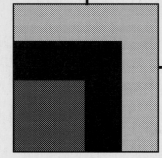

19. Dezember 1987
Richard Wagner: Der Ring des Nibelungen: Das Rheingold
Musikalische Leitung: Nikša Bareza; Inszenierung: Christian Pöppelreiter; Dramaturgie: Hans-Jochen Irmer; Bühnenbild: Jörg Koßdorff; Kostüme: Hanna Wartenegg
Wotan: Michael Burt; Donner: Ludovic Konya; Froh: David Sundquist; Loge: Wolfgang Müller-Lorenz; Alberich: Jozsef Dene; Mime: Ernst-Dieter Suttheimer; Fasolt: Z. Edmund Toliver; Fafner: Konstantin Sfiris; Fricka: Ildiko Szönyi; Freia: Evy Kristiansen; Erda: Jutta Geister; Woglinde: Laurel Lee James; Wellgunde: Fran Lubahn; Floßhilde: Melanie Sonnenberg

24. Jänner 1988
Frédéric Chopin: Les Sylphides (Grazer Erstaufführung)
Musikalische Leitung: Wolfgang Bozić; Choreographie: Michail Fokin; Bühnenbild: Wolfram Skalicki; Kostüme: Christiane Schoberwalter
Diana Ungureanu, Rodica Pascu; Claudia Lechner; Cristian Loghin

Peter Iljitsch Tschaikowsky: Pas classique
Musikalische Leitung: Wolfgang Bozić; Choreographie: Waclaw Orlikowsky; Bühnenbild: Wolfram Skalicki; Kostüme: Christiane Schoberwalter
Vesna Butorac-Blace; Emilian Tarta

Igor Strawinsky: Le sacre du printemps (Grazer Erstaufführung)
Musikalische Leitung: Nikša Bareza; Choreographie: Waclaw Orlikowsky; Bühnenbild: Wolfram Skalicki; Kostüme: Hanna Wartenegg
Die Auserwählte: Linda Papworth; Der Weise: Csaba Horváth; Das Weib: Diana Ungureanu; Burschen: Emilian Tarta, Christian Loghin und Herren des Balletts; Weiber: Isabelle Saunders, Rodica Pascu und Damen des Balletts; Brautpaare: Tatjana Karlovic, Roland Nagy, Claudia Lechner, Grigorij Kovalev; Mädchen: Adelheid Stenzel, Ruth Harteck, Ekaterina Christou, Andrea Wagner und Damen des Balletts

19. März 1988
Richard Wagner: Der Ring des Nibelungen: Die Walküre
Musikalische Leitung: Nikša Bareza; Inszenierung: Christian Pöppelreiter; Dramaturgie: Hans-Jochen Irmer;
Bühnenbild: Jörg Koßdorff; Kostüme: Hanna Wartenegg
Siegmund: Wolfgang Müller-Lorenz; Hunding: Zelotes Edmund Toliver; Wotan: Michael Burt; Sieglinde: June Card; Brünnhilde: Johanna-Lotte Fecht; Fricka: Ildiko Szönyi; Gerhilde: Fran Lubahn; Ortlinde: Laurel Lee James; Waltraute: Evy Kristiansen; Schwertleite: Veronika Kumer; Helmwige: Eva-Maria Barta; Siegrune: Melanie Sonnenberg; Grimgerde: Roswitha Leski-Posch; Roßweiße:
Ulla Bresnig

17. April 1988
Franz Lehár: Die lustige Witwe
Musikalische Leitung: Wolfgang Bozić; Inszenierung: Tamas Ferkai; Bühnenbild: Frieder Klein; Kostüme: Ulrike B. Radichevich; Choreographie: Christa Maurer-Kronegg; Choreinstudierung: Ernst Rosenberger
Baron Mirko Zeta, pontevedrinischer Gesandter in Paris: Götz Zemann; Valencienne, seine Frau: Felicitas Morawitz; Graf Danilo Danilowitsch, Gesandtschaftssekretär: George Kondaxis; Hanna Glawari: Piroska Vargha; Camille de Rosillon: Herwig Pecoraro; Vicomte Cascada: David McShane; Raoul de St. Brioche: Peter Karner; Bogdanowitsch, pontevedrinischer Konsul: Zoltan Császár; Sylviane, seine Frau: Margret Chan; Kromow, pontevedrinischer Gesandtschaftsrat: Chris Priewalder; Olga, seine Frau: Brigitte Miklauc; Pritschitsch, pontevedrinischer Oberst in Pension und Militârattaché: Manfred Hofmann; Praskowia, seine Frau: Erika Schubert; Njegus, Kanzlist: Peter Neubauer

24. Mai 1988 (in italienischer Sprache)
Arrigo Boito: Mefistofele
Musikalische Leitung: Nikša Bareza; Inszenierung: Jacques Karpo; Bühnenbild: Wolfram Skalicki; Kostüme: Hanna Wartenegg; Choreographie: Waclaw Orlikowsky; Choreinstudierung: Ernst Rosenberger; Einstudierung des Kinderchores: Marcel de Marbaix
Mefistofele: Konstantin Sfiris; Faust: Juraj Hurny; Margherita: Gabriele Lechner; Marta: Ildiko Szönyi; Wagner: Herwig Pecoraro; Elena: Gabriele Lechner; Pantalis: Ildiko Szönyi; Nerèo: George Kondaxis

SPIELZEIT 1988/89

24. September 1988
Richard Wagner: Der Ring des Nibelungen: Siegfried
Musikalische Leitung: Nikša Bareza; Inszenierung: Christian Pöppelreiter; Dramaturgie: Hans-Jochen Irmer;
Bühnenbild: Jörg Koßdorff; Kostüme: Hanna Wartenegg
Siegfried: Wolfgang Müller-Lorenz; Mime: Ernst-Dieter Suttheimer; Der Wanderer: Michael Burt; Alberich: Jozsef Dene; Fafner: Zelotes Edmund Toliver; Erda: Jutta Geister; Brünnhilde: June Card; Waldvogel: Brigitte Miklauc

5. November 1988
Ralph Benatzky: Im weißen Rößl
Musikalische Leitung: Franz Bauer-Theussl; Inszenierung: Edwin Zbonek; Bühnenbild: Wolfram Skalicki; Kostüme: Ulrike B. Radichevich; Choreinstudierung: Ernst Rosenberger; Kinderchor: Marcel de Marbaix; Choreographie: Christa Maurer-Kronegg
Josepha Vogelhuber, Wirtin: Felicitas Morawitz; Leopold Brandmeyer, Zahlkellner: Josef Luftensteiner; Wilhelm Giesecke, Fabrikant: Alexander Höller; Ottilie, seine Tochter: Marianne Becker; Dr. Erich Siedler: George Kondaxis; Sigismund Sülzheimer: Herwig Pecoraro; Prof. Dr. Hinzelmann: Kurt Hradek; Klärchen, seine Tochter: Brigitte Miklauc; Der Kaiser: Josef Kepplinger; Hochzeitspaar: Margret Cahn, Jakob Glashüttner; Der Bürgermeister: Erich Klaus; Der Lehrer: Sepp Trummer; Fräulein Weghalter: Roswitha Scholler; Der Kellner Franz: Alexander Posch; Der Piccolo Gustel: Andrea Wagner; Die Briefträgerin Kathi: Waltraud Maier; Fünf Hoteliers: Zoltán Galamb, James Jolly, Richard Brantner, Wolfgang Bresch, Karl Titsch; Hausdiener: Michael Becker; Stubenmädchen: Ingrid Kaiserfeld, Karin Block, Maria Konrad, Erika Roth; Bergführer: Dietmar Hirzberger, Enrico Manni, René Eibinger, Anton Obbes; Hochtourist: Rudolf Jan

Nach der erfolgreichen, viel diskutierten "Ring"-Neuinszenierung wurde der Büste Richard Wagners von besorgten Wagnerianern eine Augenbinde verpaßt.

25. Dezember 1988 (in französischer Sprache)
Georges Bizet: Carmen
Musikalische Leitung: Wolfgang Bozić; Inszenierung: Peter Lotschak; Bühnenbild: Jörg Koßdorff; Kostüme: Michaela Mayer; Choreinstudierung: Ernst Rosenberger; Kinderchor: Marcel de Marbaix
Don José, Sergeant: Louis Gentile; Escamillo, Stierkämpfer: Zelotes Edmund Toliver; Remendado, Schmuggler: Herwig Pecoraro; Dancairo, Schmuggler: Götz Zemann; Zuniga, Leutnant: Ludovic Konya; Moralès, Sergeant: David McShane; Carmen, Zigeunerin: Melanie Sonnenberg; Micaela, Bauernmädchen: Fran Lubahn; Frasquita, Zigeunerin: Eva-Maria Barta; Mercédès, Zigeunerin: Evy Kristiansen; Lillas Pastia, Wirt: Udo Hansmann; Verkäufer: Erika Roth, Zoltán Galamb; Tänzerinnen: Suzanna Rille, Karolin Sorger

28. Februar 1989 (in italienischer Sprache)
Giuseppe Verdi: Don Carlo
Musikalische Leitung: Nikša Bareza; Inszenierung: Elmar Ottenthal; Bühnenbild: Wolfram Skalicki; Kostüme: Hanna Wartenegg; Choreinstudierung: Ernst Rosenberger
Filippo II, Re di Spagna: Konstantin Sfiris; Don Carlo, Infante: Juraj Hurny; Rodrigo, Marchese di Posa: David McShane; Il Grande Inquisitore: Zelotes Edmund Toliver; Un Frate: Ludovic Konya; Elisabetta di Valois/Una voce dal cielo: Gabriele Lechner; La Principessa Eboli: Melanie Sonnenberg; Heraldo, Paggio d'Elisabetta: Margret Cahn; La Contessa d'Aremberg: Maria Konrad; Il Conte di Lerma/Un Araldo reale: George Kondaxis; Accompagnatore della Regina: Heinz Brunner

22. April 1989
Albert Lortzing: Zar und Zimmermann
Musikalische Leitung: Wolfgang Bozić; Inszenierung: Imo Moszkowicz; Bühnenbild: Wolfram Skalicki; Kostüme: Hanna Wartenegg; Choreographie: Waclaw Orlikowsky; Choreinstudierung: Ernst Rosenberger; Kinderchor: Marcel de Marbaix
Peter I., Zar von Rußland, Zimmergeselle unter dem Namen Peter Michaelow: David McShane; Peter Iwanow, Zimmergeselle: Herwig Pecoraro; Van Bett, Bürgermeister von Saardam: Jaroslav Stajnc; Marie, seine Nichte: Brigitte Miklauc; Admiral Lefort, russischer Gesandter: Manfred Hofmann; Lord Syndham, englischer Gesandter: Ludovic Konya; Marquis von Chateauneuf, französischer Gesandter: David Sundquist; Witwe Browe, Werftbesitzerin: Ildiko Szönyi; Ein Offizier: Jakob Glashüttner; Ein Ratsdiener: Michel Michelitsch

24. Juni 1989
Aram Chatschaturjan: Spartakus
Musikalische Leitung: Nikša Bareza; Inszenierung und Choreographie: Waclaw Orlikowsky; Bühnenbild: Wolfram Skalicki; Kostüme: Marie-Luise Walek; Einstudierung des Damenchores: Ernst Rosenberger
Spartakus: Ludwig Karl; Phrygia, seine Frau: Linda Papworth; Crassus: Csaba Horvath; Aegina, seine Mätresse: Diana Ungureanu; Schwarzer Gladiator mit Visier: Constantin Naghi

SPIELZEIT 1989/90

22. September 1989
Richard Wagner: Der Ring des Nibelungen: Götterdämmerung
Musikalische Leitung: Nikša Bareza; Inszenierung: Christian Pöppelreiter; Dramaturgie: Hans-Jochen Irmer; Bühnenbild: Jörg Koßdorff; Kostüme: Hanna Wartenegg; Choreinstudierung: Ernst Rosenberger
Siegfried: Wolfgang Müller-Lorenz; Gunther: Michael Burt; Alberich: Jozsef Dene; Hagen: Zelotes Edmund Toliver; Brünnhilde: Johanna Lotte Fecht; Gutrune: June Card; Waltraute: Ildiko Szönyi; 1. Norn: Erni Tögl; 2. Norn: Ildiko Szönyi; 3. Norn: Evy Kristiansen; Woglinde: Eva-Maria Barta; Wellgunde: Fran Lubahn; Floßhilde: Jutta Geister; Waldvogel: Heidemarie Pöschl; 3 Mannen: Michael Becker, Zoltán Galamb, James Jolly

21. Oktober 1989
Jacques Offenbach: Ritter Blaubart
Musikalische Leitung: Wolfgang Bozić; Inszenierung: Tamas Ferkai; Bühnenbild: Toni Businger; Kostüme: Hanna Wartenegg; Chor: Ernst Rosenberger
Ritter Blaubart: Arley Reece; Boulotte, Landmädchen: Felicitas Morawitz; Popolani, Alchimist: Ludovic Konya; König Bobèche: Ernst-Dieter Suttheimer; Königin Clémentine: Else Kalista; Graf Oskar, Minister des Königs: Götz Zemann; Fleurette, Schäferin: Brigitte Miklauc; Daphnis, Schäfer: Peter Karner; Alvarez, Höfling: Chris Priewalder; Isaure de Valleon: Ingeborg Krobath; Héloise: Ulrike Hoffellner; Rosalinde: Roswitha Leski-Posch; Eleonore: Erika Roth; Blanche: Maria Konrad

Giuseppe Verdi, Otello (1990). Gabriele Lechner und James McCray.

Linke Seite: Jacques Offenbach, Ritter Blaubart (1989). Ernst-Dieter Suttheimer und Götz Zemann.

Giuseppe Verdi, Otello (1990). James McCray und Aldo Tiziano.

25. Dezember 1989
Wolfgang Amadeus Mozart: Idomeneo
Musikalische Leitung: Nikša Bareza; Inszenierung und Kostüme: Herbert Kapplmüller; Bühnenbild: Jörg Koßdorff; Choreinstudierung: Ernst Rosenberger; Choreographische Mitarbeit: Christa Maurer-Kronegg
Idomeneo, König von Kreta: Peter Straka; Idamantes, sein Sohn: Branko Robinsak; Ilia, Tochter des Priamus: Fran Lubahn; Elektra, Tochter des Agamemnon: Pauletta de Vaughn-Mayerhofer; Arbaces, Vertrauter des Königs: Hans Holzmann; Die Stimme: Konstantin Sfiris: Kreterinnen: Ingrid Kaiserfeld, Ingeborg Krobath, Roswitha Leski-Posch, Erika Roth; Kreter: Michael Becker, Janos Buhalla, Zoltán Galamb, James Jolly

18. Februar 1990 (in italienischer Sprache)
Giuseppe Verdi: Otello
Musikalische Leitung: Wolfgang Bozić; Inszenierung: Giancarlo del Monaco; Bühnenbild und Kostüme: Michael Scott; Choreinstudierung: Ernst Rosenberger; Kinderchor: Marcel de Marbaix
Otello, Mohr, Befehlshaber der venezianischen Flotte: James McCray; Jago, Fähnrich: Aldo Tiziani; Cassio, Hauptmann: Giuseppe Costanzo; Rodrigo, ein edler Venezianer: Andras Sosko; Lodovico, Gesandter der Republik Venedig: Konstantin Sfiris; Montano, früherer Statthalter von Cypern: Ludovic Konya; Desdemona, Otellos Gattin: Gabriele Lechner; Emilia, Jagos Gemahlin: Karin Goltz; Herold: Zoltán Császár

24. März 1990
Hector Berlioz: Beatrice und Benedict
Musikalische Leitung: Jean Périsson; Inszenierung: Imo Moszkowicz; Bühnenbild: Frieder Klein; Kostüme: Hanna Wartenegg; Choreinstudierung: Ernst Rosenberger; Choreographie: Linda Papworth
Don Pedro: Manfred Hofmann; Claudio: David McShane; Benedict: Branko Robinsak; Somarone: Götz Zemann; Hero: Fran Lubahn; Beatrice: Dalia Schaechter; Ursula: Karin Goltz; Leonato: Alexander Höller; ein Amtsschreiber: Jakob Glashüttner

20. April 1990
Gastspiel des Balletts von Györ
in der Choreographie von Iván Markó
Yehudi Menuhin/Ravi Sankhar: Das gelobte Land
Frau: Krisztina Loósz; Vogel der Liebe: Ottó Demcsák; Vogel des Friedens: Csaba Sebestyén; Vogel des Glücks: Erika Horváth; und Ensemble

Georg Friedrich Händel: Das Fest
Krisztina Loósz, Erika Horváth, Barbara Bombicz; Ottó Demcsák, János Kiss, Csaba Sebestyén und Damen und Herren des Ensembles

Maurice Ravel: Bolero
Begierde: Barbara Bombicz; Schwarze Paare: Dagmar Kostolniková, János Kiss, Gizella Horváth, Tamás Tárnoki, Eva Hotová, Csaba Sebestyén, Timea Pintér, Frantisek Kostolnik, Gyöngyi Tibola, Ervin Müller, Erika Horváth, Lászlo Zádorvölgyi

24. Juni 1990
Welch ein Haus
Ein festlicher Opernabend zum Abschluß der Intendanz Carl Nemeth
Musikalische Leitung: Nikša Bareza, Franz Bauer-Theussl, Wolfgang Bozić, Argeo Quadri; Szenische Einrichtung: Christian Pöppelreiter; Bühnengestaltung: Jörg Koßdorff; Kostüme: Hanna Wartenegg; Choreographie: Waclaw Orlikowsky; Chöre: Ernst Rosenberger, Oskar Czerwenka, Hans Hollmann, Harry Kupfer, Marcel Prawy, Juraj Hurny, Konstantin Sfiris, Vittoria Terranova, Gabriele Lechner, Hans Tschammer, Thomas Moser, Manfred Hemm, Sue Patchell, Ernst-Dieter Suttheimer, Zelotes Edmund Toliver, Ildiko Szönyi, Helmut Berger-Tuna, Jaroslav Stajnc, Otto M. Zykan, Hans Holzmann, Peter Minich, Felicitas Morawitz, June Card, Gottfried Hornik, Michael Burt, Branko Robinsak, David McShane, Ludovic Konya, George Kondaxis, Manfred Hofmann, Zsoltan Császar
Chor und Extrachor der Vereinigten Bühnen
Grazer Philharmonisches Orchester
Ballett der Vereinigten Bühnen

Hector Berlioz, Beatrice und Benedict (1990).

Künstlerliste

GÄSTE/OPER – DAMEN

Lucia Aliberti
Anita Ammersfeld
Laila Andersson
Marjorie Bennett
Vera Berzsenyi
Montserrat Caballé
Biancamaria Casoni
Ileana Cotrubas
Cleopatra Ciurca
Milena dal Piva
Nadine Denize
Zsuzsa Domonkos
Lya Dulizkaya
Ludmilla Dvorakova
Hedy Fassler
Franca Forgiero
Sona Ghazarian
Anna Green
Edita Gruberova
Karin Goltz
Edda Maria Hook
Katia Kolceva
Sigrid Kehl
Leonore Kirschstein
Gabriele Lechner
Marjana Lipovsek
Penelope Mackay
Marina Mader
Danica Mastilovic
Pamela Mann
Luisa Marigliano
Freda McNair
Martha Mödl
Magda Nador
Birgit Nilsson
Sue Patchell
Minna Pecile
Eszter Póka
Lucia Popp
Sonja Poot
Ana Pusar
Tamara Rachum
Ursula Reinhardt-Kiss
Emma Renzi
Katia Ricciarelli
Adelina Romano
Anneliese Rothenberger
Christiane Rücker
Unni Rugtvedt
Birgit Sarata
Dalia Schaechter
Elisabeth Schwarzenberg
Nancy Shade
Radmila Smiljanic
Doris Soffel
Dunja Spruk
Gail Steiner
Lilian Sukis
Stefania Toczyska
Erika Uphagen
Pauletta de Vaughn-Mayerhofer
Janice Yoes
Andrea Zsadon

GÄSTE/OPER – HERREN

Giacomo Aragall
Mauro Augustini
Herbert Becker
Benito di Bella
Helmut Berger-Tuna
Carlo Bergonzi
Ruggero Bondino
Franco Bonisolli
Franco Bordoni
Carlo de Bortoli
Charles Brett
José Carreras
William Cochran
Giuseppe Costanzo
Oskar Czerwenka
Heinz-Jürgen Demitz
Jozsef Dene
Stefan Elenkov
Petros Evangelides
Allen Evans
Paolo Gavanelli
Philip Gelling
Louis Gentile
Giuseppe Giacomini
Helge Grau
Erwin V. Gross
Rainer Goldberg
Giovanni Gusmeroli
Donald Hamrick
Hans Helm
Richard Holm
Eugene Holmes
Rudolf Holtenau
Horst Hoffmann
Gottfried Hornik
William Ingle
Ryszard Karczykowski
James King
René Kollo
Kolos Kovacs
Walter Kreppel
Benno Kusche
Herbert Lackner
Louis Lima
Peter Lindroos
Franz Xaver Lukas
James McCray
Lajos Miller
Peter Minich
Willy Millowitsch
Wahan Mirakyan
Barry Morell
Corneliu Murgu
Jozsef Nemeth
Sandor Nemeth
Claudio Nicolai
Bengt Norup
Louis Otey
Luciano Pavarotti
Pentti Perksalo
Franjo Petrusanec
Balasz Póka
Herbert Prikopa
Aldo Protti
Jorge Ramiro
Arley Reece
Jean van Ree
Karl Ridderbusch
Bruno Rufo
Peter Schreier
Harald Serafin
Sandor Solyom-Nagy
Jaroslav Stajnc
Nikita Storojev
Peter Straka
Giuseppe Taddei
Vittorio Terranova
Georg Tichy
Bernadino Trotta
Hans Tschammer
Piero Visconti
Constantin Zaharia
Carlo Zardo

DIRIGENTEN

Nikša Bareza
Franz Bauer-Theussl
Miro Belamaric
Wolfgang Bozić
Walter Breitner
Miltiades Caridis
Friedrich Cerha
Gustav Cerny
Eduard Claucig
Edward Downes
Frank Egermann
Peter Falk
Johannes Fehring
Adam Fischer
Lamberto Gardelli
Walter Goldschmidt
Theodor Guschlbauer
Leopold Hager
Berislav Klobucar
Siegfried Köhler
Stefan Kouba
Janos Kulka
Gerhard Lagrange
Konrad Leitner
Fabio Luisi
Miklós Lukács
Eugenio Marco
Ernst Märzendorfer
Gianfranco Masini
Carl Melles
Támás Pál
Jean Perisson
Janos Petro
Herbert Prikopa
Argeo Quadri
Ludovit Rajter
Manfred Ramin
Ernst Rosenberger
Wolfgang Rot
Thomas Sanderling
Ulf Schirmer
Ronald Schneider

Peter Schrottner
Edgar Seipenbusch
Heimo Smola
Andreas Stöhr
Hector Urbon
Kurt Wöss

REGISSEURE

Birgit Amlinger
Boleslaw Barlog
Horst Bonnet
Emil Breisach
Giulio Chazalettes
Axel Corti
Murray Dickie
André Diehl
Karlheinz Drobesch
Tamas Ferkai
Götz Fischer
Ekkehard Grübler
Paul Hager
Hans Hartleb
Robert Herzl
Hans Hollmann
Robert Hoyem
Herbert Kapplmüller
Jacques Karpo
Josef Kepplinger
Klaus-Dieter Kirst
Harry Kupfer
Attila Láng
Jorge Lavelli
Peter Lotschak
Irene Mann
Nathaniel Merrill
Andras Miko
Federik Mirdita
Giancarlo del Monaco
Imo Moszkowicz
Elmar Ottenthal
Waclaw Orlikowsky
Christian Pöppelreiter
Willy Popp
Marcel Prawy
Kurt Pscherer
Regina Resnik
Carl Riha
Lars Runsten
Kurt Josef Schildknecht
Oscar Fritz Schuh
Wilfried Steiner
Franz Strohmer
Roland Velte
Vaclav Veznik
Wolfgang Weber
Uta Werner
Jürgen Wilke
Alfred Wopmann
Horst Zander
Edwin Zbonek
Fritz Zecha
Otto M. Zykan

CHOREOGRAPHEN

Eva Bernhofer
Elise Englund
Ioan Farcas
Larry Fuller
Erik Göller
Elisabeth Gombkötö
Erika Grum
Dia Luca
Irene Mann
Christa Maurer-Kronegg
Karl Musil
Waclaw Orlikowsky
Linda Papworth
Gene Reed
Adam Rostecki
Leonard Salaz
Rolf Scharre
Roswitha Steinhauser
Anna Vaughan
Henry Volejnicek
John Waddell
Charles Williams
Peter Wissmann

BÜHNENBILDNER

Arvit Blatas
Toni Businger
Annelies Corrodi
Josef Cselenyi
Gian-Maurizio Fercioni
Gábor Forrai
Luisa Gnecchi
Ekkehard Grübler
Wolfgang Gussmann
Hans Michael Heger
Peter Heyduck
Hans Hoffer
Gerhard Hruby
Wolfgang Hutter
Robert Ernst Jahren
Frieder Klein
Zbynek Kolar
Jörg Koßdorff
Ivan Lacković
Wolfgang Mai
Ita Maximovna
Roswitha Meisel
Otto Werner Meyer
Thomas Moog
Gottfried Neumann-Spallart
Robert O'Hearn
Jean-Pierre Ponnelle
Hannes Rader
Ulissee Santicchi
Michael Scott
Hans-Ulrich Schmückle
Wolfram Skalicki
Karl Eugen Spurny
László Varvasovszky
Hanna Wartenegg
Wilfried Werz
Reinhart Zimmermann

KOSTÜMBILDNER

Leo Bei
Gloria Berg
Arvit Blatas
Annelies Corrodi
Josef Cselenyi
Gian-Maurizio Fercioni
Gera Graf
Luisa Gnecchi
Ekkehard Grübler
Peter Heyduck
Hans Michael Heger
Xenia Hausner
Reinhard Heinrich
Christine Hornischer
Birgit Hutter
Robert Ernst Jahren
Herbert Kapplmüller
Uta Loher
Tivadar Márk
Edith Matisek
Michaela Mayer
Thomas Moog
Robert O'Hearn
Frida Parmeggiani
Lotte Pieczka
Jean-Pierre Ponnelle
Hannes Rader
Ulrike B. Radichevich
Ronny Reiter
Michael Scott
Ulissee Santicchi
Christiane Schoberwalter
Amrei Skalicki
Jan Skalicki
Nelly Vágo
Marie-Luise Walek
Hanna Wartenegg
Wilfried Werz
Monika von Zallinger

Die Namen der ständigen Ensemblemitglieder sind im Abschnitt „Musiktheater – Premieren 1972 bis 1990", den einzelnen Vorstellungen folgend, aufgelistet.

Uraufführungen und Erstaufführungen

1972

W. A. Mozart	Titus	GE

1972/73

Vincenzo Bellini	I Puritani	GE
Joseph Stein/Jerry Bock	Anatevka	GE
Robert Stolz	Frühjahrsparade	GE

1973/74

Ernst Křenek	Orpheus und Eurydike	ÖE/sth
Fritz Geissler/ Heinrich von Kleist	Der zerbrochene Krug	ÖE

1974/75

Benjamin Britten	Der Tod in Venedig	ÖE/sth
Leonard Bernstein	West Side Story	GE

1976/77

George Gershwin	Porgy and Bess	GE
Leos Janaćek	Das schlaue Füchslein	GE

1977/78

Robert Stolz	Robert Stolz und sein Jahrhundert (Multimedia)	U
Otto M. Zykan	Symphonie Aus der heilen Welt	U
Ilkka Kuusisto/ Tove Jansson	Die Muminoper	DE
Nicholas Maw	Der Mond geht auf über Irland	DE

1978/79

Raffaelo de Banfield	Le Combat	GE
Ivan Eröd/ Peter Daniel Wolfkind	Orpheus ex machina	U
Sergej Prokofjew	Romeo und Julia	GE

1979/80

Antonin Dvořak	Der Jakobiner	GE
Bruno Bjelinski	Die Biene Maja	DE
Peter Fenyes/Serge Veber	Ehe in Paris	ÖE
Georg Friedrich Händel	Alcina	GE

1980/81

Wolfgang Rihm	Jakob Lenz	ÖE/sth
Ernst Křenek	Jonny spielt auf	GE/sth
Robert Stolz	Eine einzige Nacht	U der Neufassung
Gerd Natschinski	Casanova	ÖE

1981/82

Alban Berg/ Friedrich Cerha	LULU	ÖE/sth der dreiakti-gen Fassung
Georg Haas/ Gösta Neuwirth/ Anton Prestele/ Wolfgang Rihm	Wölfli-Szenen	U/sth
Sergej Prokofjew	Maddalena	U/sth
Sergej Prokofjew	Iwan der Schreckliche	ÖE/sth
Georges Bizet/ Rodion Schtschedrin	Carmen	GE
Giuseppe Verdi	I Lombardi alla prima crocciata	GE

1982/83

Francis Burt	Barnstable oder Jemand auf dem Dachboden	ÖE
Michael Rot	Die Propheten (Auftragswerk der VB)	U
Richard Wagner	Das Liebesverbot	ÖE

1983/84

Gaetano Donizetti	Viva la mamma	GE
Benjamin Britten	Wir machen eine Oper	GE
Bert Brecht/Kurt Weill	Aufstieg und Fall der Stadt Mahagonny	GE
Jacques Offenbach	Die beiden Blinden	GE
Fred Spielmann	Der geizigste Mann der Welt	Europ. E
Carl Coleman	Der blaue Engel	U
Claudio Monteverdi	L'Orfeo	GE

1984/85

Johann Joseph Fux	Angelica, vincitrice di Alcina	U d. Grazer Fassung

1985/86

Johann Strauß	La Tzigane (Die Zigeunerin)	DE
Benjamin Britten	Ein Sommernachtstraum	GE
Georg Philip Telemann	Pimpinone	GE

1986/87

Modest Mussorgsky/ Instrumentation D. Schostakowitsch	Boris Godunow	GE
Otto M. Zykan	Der Zurückgebliebenen Auszählreim	U/sth
Just Scheu/Ernst Nebhut	Pariser Geschichten	GE
Cy Coleman	Sweet Charity	GE

1987/88

Friedrich Cerha	Der Rattenfänger	U/sth
Jay Lerner/ Frederick Loewe	Gigi	GE
Frederic Chopin	Les Sylphides	GE
Igor Strawinsky	Le Sacre du Printemps	GE

1988/89

Aram Chatchaturjan	Spartakus	GE

1989/90

Hector Berlioz	Beatrice und Benedict	ÖE

U = Uraufführung
ÖE = Österreichische Erstaufführung
DE = Deutschsprachige Erstaufführung
GE = Grazer Erstaufführung
sth = steirischer herbst

Auslandsgastspiele

1973/74

2 Die Hochzeit des Figaro — Bozen
1 Die verkaufte Braut — Luxemburg
3 Der Rosenkavalier — Barcelona
1 Der Barbier von Sevilla — Szombathely

1974/75

1 Das Rheingold — Palma de Mallorca
2 Die Walküre — Palma de Mallorca
1 Siegfried — Palma de Mallorca
1 Götterdämmerung — Palma de Mallorca
3 West Side Story — Luxemburg
1 Tosca — Szombathely

1975/76

7 Die Hochzeit des Figaro — Nairobi
3 Der Zigeunerbaron — Luxemburg
1 Mosé — Lausanne
1 La Sonnambula — Lausanne
1 Wozzeck — Lausanne

1976/77

3 Der Opernball — Luxemburg

1977/78

3 Robert Stolz und sein Jahrhundert — Luxemburg
1 Die Meistersinger von Nürnberg — Lausanne
1 Die Perlenfischer — Lausanne
1 Anna Bolena — Lausanne

1979/80

2 La Traviata — Luxemburg
3 Die lustige Witwe — Barcelona

1979/80

2 La Traviata — Luxemburg
3 Die lustige Witwe — Barcelona

1980/81

3 Feuerwerk — Luxemburg

1987/88

4 Pariser Geschichten — Witherthur
5 Schwanensee — Sollingen

Gastspiele im Rahmen der Wiener Festwochen

1979:	Orpheus ex machina	2
1980:	Jonny spielt auf	4
1982:	Jakob Lenz	2
1987:	Auszählreim	2

Fernsehaufzeichnungen

1978

Ivan Eröd/ Peter Daniel Wolfkind	Orpheus ex machina

1980

Ernst Křenek	Jonny spielt auf
Robert Stolz	Eine einzige Nacht

1981

Sergej Prokofjew	Maddalena/Iwan der Schreckliche

1982

Georges Bizet/ Rodion Schtschedrin	Carmen
Rudolf Kattnig	Tarantella

1983

Francis Burt	Barnstable oder Jemand auf dem Dachboden
Michael Rot	Die Propheten
Richard Wagner	Das Liebesverbot

1985

Jacques Offenbach	Die beiden Blinden
Jacques Offenbach	Salon Pitzelberger
Johann Joseph Fux	Angelica vincitrice di Alcina
Gaetano Donizetti	Viva la mamma

1987

Otto M. Zykan	Der Zurückgebliebenen Auszählreim
Friedrich Cerha	Der Rattenfänger

1990

Richard Wagner	Der Ring des Nibelungen
Welch ein Haus – Operngala	partiell

Intendant Hon.-Prof. Dr. Carl Nemeth

Biographische Daten

11. 1. 1926	geboren in Wien, verheiratet mit Christine Maurer-Kronegg, Sohn Michael Alexander
1936–1943	Humanistisches Gymnasium Wien
1943–1946	Wehrdienst/Kriegsgefangenschaft
1949	Dr. phil. (Musikwissenschaft, Germanistik)
1950	Mitarbeiter der Haydn-Society Inc.
1953	Wissenschaftl. Hilfskraft am Musikwissenschaftlichen Institut der Universität Wien
1955	Wissenschaftl. Sekretär der Franz-Schmidt-Gemeinde Wien
1958–1961	zunächst Vertragsangestellter, dann Leiter der Österreichischen Phonothek
1964–1972	Leiter des Künstlerischen Betriebsbüros der Volksoper – Direktion Prof. Albert Moser
ab 1972	Intendant der Vereinigten Bühnen Stadt Graz – Land Steiermark
ab 1974	Direktoriumsmitglied des „steirischen herbstes“
ab 1976	Geschäftsführer des Grazer Philharmonischen Orchesters
ab 1983	Honorarprofessor für „Historische Musikwissenschaft mit besonderer Berücksichtigung des Musiktheaters“ an der Karl-Franzens-Universität Graz

Auszeichnungen

1957	Theodor-Körner-Preis
1976	Ehrenbürger der Stadt Dalla, Texas
1979	Intendantenprämie des Bundesministeriums für Unterricht für die Uraufführung: ORPHEUS EX MACHINA von Ivan Eröd und Peter Daniel Wolfkind
1981	Intendantenprämie des Bundesministeriums für Unterricht für die Uraufführung: WÖLFLI-SZENEN von Gösta Neuwirth, Wolfgang Rihm, Georg Haas, Anton Prestele
1982	Intendantenprämie des Bundesministeriums für Unterricht für die Österreichische Erstaufführung: BARNSTABLE ODER JEMAND AUF DEM DACHBODEN von Francis Burt; für die Uraufführung: DIE PROPHETEN von Michael Roth
1983	Cavaliere ufficiale al merito della Repubblica Italiana
1985	Österreichisches Ehrenkreuz für Wissenschaft und Kunst I. Klasse
1985	Ehrenzeichen der Landeshauptstadt Graz in Gold
1986	Großes Goldenes Ehrenzeichen des Landes Steiermark

Werke

Josef Forster, „Leben und Werk eines steirischen Opernkomponisten“ (Dissertation, 1949)
„Franz Schmidt – ein Meister nach Brahms und Bruckner“ (Zürich–Leipzig–Wien, 1975)
Zahlreiche Publikationen in diversen Fachzeitschriften

Hector Berlioz, Beatrice und Benedict (1990).